KB160358

DMZ 접경지역 기행 8

강화편

8

DMZ
접경지역
기 행

강
화

건국대학교
통일인문학연구단
DMZ연구팀

경인문화사

목
차

01 ____

밀려드는 제국의 종교와 쇄국, 그리고 민초들의 종교

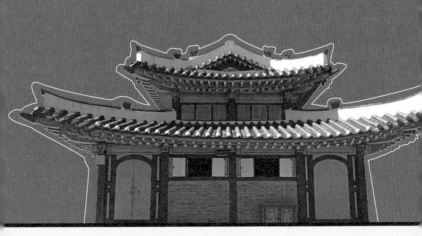

| 갑곶순교성지 – 갑곶돈대 – 강화전쟁박물관 – 대한성공회 강화성당 – 강화 온수리 성공회성당/사제관 – 김포제일교회 – 천주교 인천교구 김포성당

쇄국이 불러온 죽음, 갑곶순교성지

개항기 전쟁들, 갑곶돈대·강화전쟁박물관

역사의 도도한 물결, 대한성공회 강화성당

전통의 조화, 강화 온수리 성공회성당·사제관

민중의 삶과 함께 한 전도, 김포제일교회

고통을 치유하는 곳, 천주교 인천교구 김포성당

_____ 강화도는 서구적인 근대 개항의 물결이 들이닥친 곳이자 제국주의자들의 침략이 본격화된 최전선이었다. 강화도는 바다를 통해 한반도로 들어오는 세력이 한양으로 진입할 수 있는 입구였기 때문이다. 바로 이곳에 조선 사람들이 '낯선 모양의 배'라는 의미로 불렀던 '이양선異樣船'이 출몰하였고, 그 배를 타고 온 서양인들은 조선 정부에 공식적인 개항을 요구하였다.

_____ 하지만 그들의 배는 교역만을 목적으로 하는 순수한 상선이 아니었다. 그들은 군인과 선교사를 함께 태우고 왔다. 근대 개항의 물결이 제국주의자들의 침략과 함께 이루어졌다고 말할 수 있는 것은, 바로 '총'과 '십자가' 즉, '무력'과 '종교'가 함께 하였기 때문이다. 스탕달의 소설『적과 흑』(1830)에 그려진 것처럼 군복색인 '적赤'은 제국주의자들의 강압적인 힘과 권력을 상징한다. 그리고 성직자의 복장 색깔인 '흑黑'은 제국주의자들의 무력을 제지하는 종교적인 힘이었다. 유라시아 대륙의 동쪽 끝이자 시작점인 조그만 나라 조선에서의 개항도 이와 같았다. 그들은 이곳 서해에 배를 정박하고 조선 정부에 개항을 요구했다.

_____ 하지만 이들 배가 출몰하기 이전, 서양의 종교였던 천주교는 중국을 통해 한반도로 유입되어 서민들의 생활 속으로 파고들고 있었다. 역사적으로 조선은 성리학의 나라이자 조상숭배의 나라였다. 성리학에서의 '하늘' '천天'과 천주교에서 '하느님' '천주'는 서로 달랐다. 성리학이 생각하는 하늘은 자연적으로 주어진 성품으로서 성性 그 자체이며, 하느님과 같은 인격신이 아니었다. 성리학자들은 조상을 숭배하지만, 그것은 '효'의 미덕이 발현된 것이다. 그들은 그 이외의 존재를 숭배하지 않았다. 하지만 천주교에서 '천주' '하느님'은 유일신이다. 성리학의 질서에서 인간은 평등하지 않았다. 그들의 성품은 기질을 따라 구분되었고, 양반과 천민은 인격적으로 다른 존재였다.

_____ 그렇기에 그들은 같은 인간이라고 하더라도 귀천貴賤의 구분이 있는 존재들이었다. 나는 태어날 때부터 '귀貴'하지만 너는 태어날 때부터 '천賤'하다. 하지만 '천주' '하느님'은 이 세계를 창조한 창조주로서 애초부터 인간과 다른 존재다. 그런데 그런 존재가 모든 인간은 평등하다고 선언한 것이다. 그것도 '창조주의 이름'으로. 그렇기에 모든 인간이 평등하다는 선언은 '절대자'의 권위가 주는 절대성과 확고 불변함을 토대로 하였다. 근대 개항기 서구 기독교는 제국주의자들의 침략에 일조하면서 총칼, 대포와 함께 들어왔다. 그런데도 조선 민중의 삶에 파고들 수 있었던 것은 바로 이 절대적인 명령이 제공한 치유 기능 때문이었을 것이다.

_____ 당시 조선 민중은 성리학의 신분 질서와 차별, 억압 속에서 짓밟히고 있었다. 그런 그들에게 기독교의 하느님 천주는 양반 사대부와 그네들이 동등하고 고귀한 존재라고 명령했다. 더불어 예수의 어머니, 성모 마리아는 그들의 아픔과 고통까지도 품는 자신들의 어머니이기도 했다. 그렇기에 흥선대원군의 통상수교거부정책은 그 의도와 상관없이 실패할 수밖에 없었다. 이미 조선은 근대를 여는 평등의 열망을 더는 저지할 수 없었기 때문이다. 민중은 그들 자신의 고귀함을 깨달아가고 있었고, 그들은 천주의 힘으로 그것을 밀어붙이고 있었다. 흥선대원군을 비롯한 조선의 권력자들은 다시는 민심을 얻지 못했다.

_____ 민심을 얻어가고 있었던 것은 평등한 세계를 향한 열정 그 자체였으며, 그들의 아픔을 달래는 치유의 힘이기도 했다. 근대 개항기 민중들이 제국주의자들에게 대항해 싸우면서도 천주교나 개신교를 믿었던 것도, 심지어 이를 통해 민중들을 계몽하고자 했던 것도, 바로 그것만이 더 나은 세상을 향한 길이었기 때문일 것이다.

쇄국이 불러온 죽음,
갑곶순교성지

1866년 병인박해丙寅迫害에 대한 보복으로 프랑스 함대가 강화도에 침범한 사건인 병인양요丙寅洋擾의 상처가 채 아물기도 전에 미국 군함은 강화를 노렸다. 1871년 미국은 조선을 강제로 개항시키려고 무력으로 침략하였지만, 흥선대원군은 강화를 비롯한 한반도 각지에 척화비를 세우며 쇄국의 의지를 다졌다.

1871년 신미양요辛未洋擾 이후 흥선대원군의 천주교 박해는 더욱 강해졌다. 그리고 미국 군함이 물러간 후 고종은 천주교인을 잡아 철저하게 처벌하라는 교서를 내리게 된다. 이때 박상손朴常孫, 우윤집禹允集, 최순복崔順福 세 명의 교인은 기다리던 프랑스인 신부가 있는지 확인하고자 미국 함대를 찾아갔다는 이유로 효수梟首되었다.

강화 덕진진에서 강화 나들길 2코스를 따라 10km가량 올라가면 갑곶순교성지를 만날 수 있다. 천주교 인천교구는 문헌상에 나와 있던 갑곶돈대의 정확한 위

순교자삼위비

치를 찾아 그 터를 매입한 후, 2000년에 순교성지를 조성하였다. 2001년 9월에는 순교자들의 행적을 증언한 박순집朴順集의 묘를 이장하였다. 박순집은 비록 효수 희생자는 아니지만, 목숨을 걸고 순교자들의 시신을 안장하고, 순교자의 행적을 증언하였으며, 성직자들을 보호한 인물이다.

갑곶순교성지는 순교자 삼위비三位碑를 비롯하여 박순집의 묘, 예배당, 야외제대, 십자가의 길 등으로 이루어져 있다. 삼위비가 있는 곳에서 강화대교 쪽을 바라보면, 그들이 죽임을 당한 갑곶돈대가 보인다. 서양의 문물인 천주교의 순교성지와 외세를 막아내던 돈대가 같은 장소라는 사실이 매우 아이러니하다.

개항기 전쟁들,
갑곶돈대·강화전쟁박물관

갑곶돈대로 가는 길에는 강화전쟁박물관이 자리 잡고 있다. 전쟁에 대한 기록을 모아 전시한 이곳은 강화도가 겪은 수난의 역사를 상징적으로 보여준다. 갑곶돈대에서 죽임을 당한 순교자의 삶을 생각하며 걸음을 옮기던 터라 매끈하게 지어 놓은 '박물관'은 오히려 이질적으로 느껴진다. 강화전쟁박물관은 고려—조선—근현대 강화도에서 있었던 전쟁역사를 보여주는 유물을 전시하고 있다.

특히, 강화도의 5진 7보 53돈대의 위치와 특징들을 한눈에 볼 수 있다. 박물관 앞 공원에는 강화비석군이 조성되어 있다. 여러 관리들의 불망비不忘碑와 선정비善政碑, 그리고 자연보호를 위해 세웠던 금표禁標들도 볼 수 있다.

사람들은 강화전쟁박물관 앞에 세워진 불망비와 선정비를 보면 깜짝 놀랄 수밖에 없다. 너무나 많기 때문이다. 누군가는 선정비를 보면서, 이토록 많은 선정을 베푼 관리들이 있었다는 사실에 강화도를 축복받은 땅이라고 생각할지도 모

—
강화전쟁기념관

른다. 하지만 이들 비석에 새겨진 사람들 모두가 선정을 베푼 관리라고 단정할 수는 없다. 오히려 이들 비석의 존재와 비석에 등장하는 자들은 선정을 홍보해야 할 만큼 선정이 제대로 이뤄지지 않았다는 증거일 수도 있다. 불망비와 선정비는 관리가 베푼 선정을 기리기 위해 백성들이 자발적으로 세운 비석들이다.

하지만 조선 후기가 되면 이들 비석을 세우는 일이 오히려 백성들을 수탈하는 또 다른 기제로 작용하였다. 부임한 관리가 떠날 때, 백성들에게 불망비와 선정비를 세우도록 강제했기 때문이다. 자기 스스로 자기의 선정을 치하한 셈이다. 그러니 이토록 많은 불망비와 선정비는 이곳의 수탈이 그만큼 악독했다는 것을 증명하는 방증일 수도 있다.

돈대에는 작은 대포 두 문이 전시되어 있다. 포가 향하고 있는 곳은 강화해협이다. 이곳에서 대포들은 외적을 향해 불을 뿜었을 것이다. 양이洋夷의 진입을 막기 위해서 말이다. 그리고 서양의 문물이 횡행하는 것을 막기 위해 천주교인들도 이곳에서 사형당했을 것이다. 하지만 흥선대원군은 그의 운명을 알지 못했다. 돌에 새겨진 경고문보다 사람들의 마음을 파고드는 종교의 힘이 더 강력하다는 것

강화비석군

을 말이다. 아니 서양 종교 자체가 가진 위력보다 당시 조선 사람의 다친 마음을 어루만져준 치유의 힘이 더 강했다는 게 적합한 표현일 것이다. 강화는 동서양의 문화가 충돌한 격전지인 동시에 서로 다른 문화가 만나 공존을 시작한 '성지'였던 것이다.

역사의 도도한 물결,
대한성공회 강화성당

강화의 천주교를 살피다 보면 자연스럽게 대한성공회가 함께 떠오른다. 천주교와 전례가 흡사한 점에서 성공회와 천주교가 비슷하다고 생각한다. 하지만 실제로 성공회는 1534년 로마 가톨릭으로부터 분리해나간 영국 국교회의 전통과 교리를 따르는 교회다. 즉, 대한성공회는 기독교 개신교의 한 교파이며 성공회의 한국교구이다. 강화도에서는 초기 대한성공회의 유적을 볼 수 있다.

대한성공회 강화성당

성전 내부

그 유적 중 하나인 대한성공회 강화성당은 갑곶순교성지에서 강화군청 방향으로 느긋하게 10분 정도를 운전해서 용흥공원에 도착하면 쉽게 찾아갈 수 있다. 아마도 이곳을 찾는 사람들은 이색적인 건축양식에 놀랄 것이다. 왜냐하면 대한성공회 강화성당은 성당 하면 떠오르는 이미지를 완전히 파괴하며 한옥으로 지어졌기 때문이다.

1900년 영국 해군 군종 신부 코프(Corfe, 1843~1921) 초대 주교는 이곳에 성당을 지으면서 한옥 양식을 선택했다. 그것은 당시 성공회가 한국문화를 존중하고 그것에 기반하여 지역에 뿌리내리는 교회를 만들고자 했기 때문이다. 성당으로 들어가는 입구 계단을 올라 외삼문外三門을 지나면 성당이 나온다. 입구를 통과해 성당이 보이기까지 걷는 동안, 마치 사찰이나 향교에 들어가는 느낌을 받는다.

성전 내부에 들어가면 한옥이 주는 따뜻함이 느껴져 오묘한 기분이 든다. 전통적인 한옥임에도 불구하고, 정면에 있는 신을 모시고 예배를 드리는 제대祭臺에서는 서양 종교의 성격이 강하게 느껴진다. 반면 왼편의 신위 및 작은 불상이나 성체 등을 모시는 감실龕室에서는 말을 멈추는 엄숙함이 있다.

그런데 흥미롭게도 이 성당이 지어질 때 건축 담당자는 궁궐에서 건축을 담당했던 도편수였다. 근대 서구 제국주의에 맞서 싸웠던 조선 왕실의 도편수가 서구 종교 건물을 세운 것이다. 이곳의 건물은 흥선대원군의 경고비가 선 지, 불과 약 30여 년 후였다.

전통의 조화,
강화 온수리 성공회성당·사제관

강화에는 성공회 강화성당만큼이나 오랜 역사를 지닌 대한성공회 성당이 하나 더 존재한다. 바로 강화 온수리성당이다. 대한성공회 강화성당이 육지에서 강화도로 들어오는 강화대교와 이어져 있다면, 온수리성당은 강화 초지대교와 가깝다. 초지진에서 시작하여 해안로를 따라 올라왔던 여정을 하나하나 떠올려보며 다시 남쪽으로 내려간다.

온수리성당은 사제관도 함께 있는 곳으로, 전등사 교차로에서 길상면사무소 쪽으로 향하면 쉽게 찾을 수 있다. 온수리성당 또한 대한성공회 강화성당과 마찬가지로 한옥 양식으로 지어져 있다. 강화성당보다 6년 늦은 1906년, 영국인 주교 트롤로프(Trollope, 1862~1930)가 축성한 것이다.

온수리성당은 한반도의 전통적인 한옥 건축양식에 서양 성당의 공간 구성을 적용한, 동서 절충식 목조건물이다. 2003년 10월 27일 인천광역시는 이 건물을 유형문화재 제52호로 지정하였다.

성당 내부에 들어서면 지붕을 이고 있는 서까래들이 눈에 띈다. 앞서 강화성당은 건물 한가운데를 2층처럼 위로 올려 창을 내어 넓은 공간감을 줬다면, 온수리 성당은 나지막한 높이를 그대로 간직하고 있어 강당 형태의 건물임에도 아늑함을 주고 있다. 사제관과 성당이 담을 하나 두고 연달아 붙어 있는 모습이 상당히 반듯하다.

사제관은 중수重修한 것인데도 100년 넘은 지금도 초기 선교 당시의 소박하고 순수한 토착미를 그대로 간직하고 있다. 또한, 이곳은 서양인이 조선의 전통 주거 문화 속에 어떻게 적응했는가를 보여주는 공간으로, 그 역사적 가치가 매우 높다. 현재는 그 옆에 현대식 온수리성당을 세워 사용하고 있다.

온수리성공회성당 전경

강화온수리성공회성당

온수리성공회성당 내부

민중의 삶과 함께 한 전도,
김포제일교회

오늘날 강화도에서 만나는 모습은 개항과 쇄국이 충돌하던 과거가 아니다. 오히려 현재 강화도에는 온수리성당에서 보듯이 옛것과 새것이 서로 공존하고 있다. 강화도에 상륙한 개항의 물결은 강화해협을 넘어 드디어 조선 내륙인 김포로까지 이어졌다. 특히, 옛날 걸포리였던 김포 북변동에는 한국 개신교 역사상 최초의 선교사인 언더우드(Underwood, 1859~1916)가 창립한 김포제일교회가 있다. 또한, 그 옆에는 석조성당의 가치를 인정받아 등록문화제 제542호로 지정된 김포성당이 200m 거리를 사이에 두고 자리를 잡고 있다.

걸포리는 강화해협을 거쳐 조강을 지나 한양으로 올라가는 초입에 있다. 서구의 개신교가 김포까지 상륙한 것이다. 한국의 초기 기독교 형성에 큰 공헌을 한 조선 최초의 선교사 중 한 명인 언더우드는 조선에 선교사가 없다는 소식을 전해 듣고 선교 대상 지역을 인도에서 조선으로 변경했다. 선교사 아펜젤러(Appenzeller, 1858~1902) 부부와 함께 1885년에 제물포를 통해 한반도 땅을 밟게 된 그는 제중원에서 교사로 일하면서 조선인 교육에 힘썼다. 그리고 성경번역위원회 초대 위원장을 맡으면서 조선에 서양 문명을 전파하고자 하였다. 그러나 조선 사람들의 마음의 문은 생각보다도 더 견고했다. 이에 언더우드는 조선인을 사랑하는 마음으로 〈뵈지 않는 조선의 마음〉이라는 기도문을 작성하기도 했다.

"주여! 지금은 아무것도 보이지 않습니다. … 보이는 것은 고집스럽게 얼룩진 어둠뿐입니다. 어둠과 가난과 인습에 묶여 있는 조선 사람뿐입니다. 그들은 왜 묶여 있는지도, 그것이 고통이라는 것도 모르고 있습니다. 고통이 고통인 줄 모르는 자에게 고통을 벗겨 주겠다고 하면 의심부터 하고 화부터 냅니다. 조선 남자들의 속셈이 보이질 않습니다. 이 나라 조

김포제일교회(© 김포시청)

정의 내심도 보이질 않습니다. 가마를 타고 다니는 여자들을 볼 기회가
영영 없으면 어쩌나 합니다. 조선의 마음이 보이질 않습니다. 그리고 저
희가 해야 할 일이 보이지 않습니다."

처음 그들은 막막했을 것이다. 낯선 이국땅의 문화도, 삶의 방식도 서로 달랐
다. 하지만 언더우드 부부는 신앙심만 깊었던 것이 아니다. 그들은 순박한 조선
사람을 진심으로 사랑했다. 언더우드는 1889년 제중원의 부인과장으로 명성황후
의 주치의가 된 릴리어스 호튼(Lillias Horton, 1851~1921)과 결혼했다. 그들은 신혼
여행을 전도 여행으로 다녀올 정도로 신앙심이 강했다.

한양과 북쪽 지역을 순회하며 전도하던 언더우드는 1894년 3월 3일 김포시
걸포리 304번지에 있는 유공심의 개인 주택에서 고군보, 박사라, 천덕현, 이봉춘,
박성삼, 황춘근, 유증근 등과 함께 예배를 시작했다. 그것이 바로 지금은 김포제
일교회가 된 김포읍교회의 시작이었다.

김포 최초의 교회인 김포읍교회는 처음에 미약하게 시작하였고, 앞길은 막막
해 보였다. 하지만 그렇게 10년의 세월이 흘렀고, 1905년 언더우드는 교회 터로

3,500평을 기증하였다. 이에 호응해서 교인들도 헌금을 모았고, 현재 위치에 33평의 예배당과 15평의 목사관, 그리고 12평의 교육관을 갖춘 김포읍교회를 세울 수 있었다. 그 후, 김포읍교회는 1994년 김포제일교회로 개명했지만, 김포 기독교 역사의 상징 그 자체가 되었다.

김포읍교회는 신앙만을 강변하지 않았다. 그들은 조선 민중들의 삶으로 들어가 그들과 함께 세상을 만들어갔다. 김포제일교회 초대 교인들은 소학교를 세워 청소년 교육에 힘썼고, 1919년 3월 22일부터 27일까지 전개된 김포 만세운동에 적극적으로 가담하기도 했다.

고통을 치유하는 곳,
천주교 인천교구 김포성당

김포제일교회와 직선거리로 약 200m 거리에 있는 김포성당은 야트막한 동산 위 소나무 숲 사이에 모습을 갖추고 있다. 입구에 서서 성당 건물을 올라보는 순간, 돔 형태의 푸른 종탑 건물이 눈에 들어온다. 화강석으로 지어진 석조성당인 옛 김포성당은 전형적인 1950년대 건물이다. 한국전쟁 중 건축이 중단되었다가 전쟁이 끝난 후, 교인들이 구호품을 팔아 봉헌한 돈으로 다시 짓기 시작하여 1956년 12월에 완공되었다.

1999년에는 본당 설립 50주년 기념사업으로, 기존 석조성당의 왼쪽 조금 아래 벽돌로 만든 새 성당을 건립하였다. 문화재청은 옛 석조성당이 김포, 강화 지역 천주교회사에서 중요한 역할을 하였고, 1950년대 석조성당의 전형적인 특징과 건축방식을 가지고 있다고 판단하여 2013년 4월 18일 이곳을 등록문화재 제542호로 지정하였다.

성당을 올려다보며 돌계단을 걷다 보니 김포성당을 비롯한 대한성공회 강화성당, 강화 온수리성당이 가지고 있는 장소의 공통점이 드러났다. 건물들이 모두 야트막한 언덕에 있다는 점이다.

성경에서 산은 신이 백성들을 만나는 특별한 장소로 묘사된다. 모세를 비롯한 구약 성경의 주요 인물은 산에서 하나님의 특별한 소명을 부여받았고, 예수의 산상수훈山上垂訓도 산에서 이루어졌다. 산이 신앙생활에서 특별한 의미가 있다면, 그것은 신앙인들의 바람과 유관할 것이다. 산은 핍박과 억압에 짓눌린 현실에서 벗어나 하나님과 조금 더 가까운 곳에서 소통할 수 있는 장소였다.

세로로 긴 라틴 십자형 고딕 양식으로 지어진 김포성당 정면 가운데에는 종탑이 있다. 그런데 종탑은 앞으로 튀어나온 식으로 세워져 있다. 그리고 정면 입구는 종탑 아래의 창문과 같은 아치형이다. 종탑 위의 뾰족한 돔과 아치형 입구는 르네상스식이다. 건물 측면에 보이는 직사각형의 세로 창은 모더니즘적이다.

그래서 김포성당에는 여러 양식이 혼합·절충되어 있다. 성당 내부로 들어가면 옆벽 창에는 예수의 생애를 보여주는 스테인드글라스 장식을 붙였고, 제단의 위

—
김포성당

—
김포성당

쪽 둥근 창에는 성령을 의미하는 비둘기 모양의 스테인드글라스가 있다. 그 아래에는 열두 제자들이 늘어서 있는 커다란 감실이 있다. 또한, 성도들이 앉는 자리와 바닥은 원목으로 이루어져 있어 따뜻하면서도 웅장한 느낌을 준다.

건물을 나와 오른쪽을 보면 소나무 숲이 있다. 이 숲의 길의 이름은 '십자가의 길'로, 성당 전체를 둘러싸고 있다. 모든 성당과 성지에는 '십자가의 길'이 있는데, '고난의 길', '슬픔의 길'이라고도 불린다.

성도들은 이 길을 걸으며 예수가 빌라도(Pontius Pilate, ?~?)에게 사형선고를 받은 1처處에서부터 십자가에 못 박히는 12처, 무덤에 묻힌 것을 묵상하는 14처까지의 기도를 한다. 꺾이지 않고 이리저리 휘어진 소나무 가지를 바라보니 힘든 상황에서도 굳건히 신앙을 지키고자 했던 성도들의 마음과 닮아 있는 듯하였다.

강화도에서 만날 수 있는 한옥의 성당

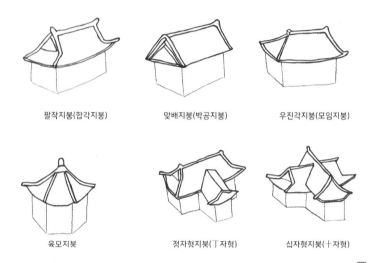

팔작지붕(합각지붕)　　　맞배지붕(박공지붕)　　　우진각지붕(모임지붕)

육모지붕　　　정자형지붕(丁자형)　　　십자형지붕(十자형)

—
한옥의 지붕

강화도를 찾는 많은 관광객은 다음의 두 성당만은 잊지 못할 것이다. 한옥 양식을 갖춘 대한성공회 강화성당과 강화 온수리 성공회성당은 동서의 조화를 보여주는 살아있는 유산이라 할 수 있다.

대한성공회 강화성당

성당이 있는 강화읍 관청리 언덕은 강화읍 시가지를 한눈에 볼 수 있는 견자산見 子山(60m)에 있다. 성당 건물은 배 모양인데, 세상을 구원하는 방주方舟를 상징한 것이다. 뱃머리인 서쪽에는 바깥 문, 안쪽 문, 동종銅鐘이 있다. 중앙에는 본당이, 뒤에는 사제관이 있다.

바깥 문은 하늘에서 내려다보면 팔八자 모양인 팔작지붕으로 담장과 연결되어 있다. 동쪽 칸에는 초대 사제 고요한의 묘비가 있다. 안쪽 문은 평대문에다 팔작 지붕이다. 서쪽 칸에는 종각이 있다. 이곳의 목재는 한국문화에 대한 이해가 깊었 던 3대 주교 트롤로프 신부(M.N.Trollpe, 1862~1930, 조마가)가 신의주에서 직접 구 한 백두산 적송赤松을 강화까지 운반해 온 것이라고 하니 신부의 마음이 전해지는 듯하다.

강화성당은 전통적인 조선 한옥 구조물에 기독교식 건축양식을 수용한 것으 로, 내부 공간은 서양의 바실리카(basilica) 양식을 따랐고, 외부 구조는 불교 사찰 의 모습을 따랐다. 본채 앞면에는 주련柱聯이 기둥마다 걸려 있고 대웅보전大雄寶 殿 현판이 걸리는 자리에는 천주성전天主聖殿이라는 편액이 달려 있다.

하지만 지붕 꼭대기에 십자가를 설치한 것은 일반 사찰과 다른 점이다. 따라 서 조선의 구릉지 사찰건축 배치기법을 응용한 성공회 강화성당은 초기 선교사 들의 토착화의 귀중한 사례로 평가받고 있다.

강화 온수리 성공회성당

강화 온수리 성공회성당은 본당인 '성聖 안드레 성당'과 2층 종탑 건물로 이루어져 있다. 본당의 정문은 정면 3칸, 측면 1칸이다. 지붕은 네 모서리의 추녀마루가 처마 끝에서부터 경사지게 올라가 중앙에서 합쳐지는 지붕 모양인 '우진각 지붕'이다.

정문과 직각 축으로 서 있는 본당은 정면 9칸, 측면 3칸이다. 지붕은 팔작지붕이다. 용마루 양 끝에는 연꽃 모양으로 돌 십자가 장식이 있다. 건물 내부는 예배자들을 위한 공간인 신랑身廊과 양쪽 측면에 선 기둥 밖의 복도인 측랑側廊으로 구성되어 있다.

종이 있는 누각은 정면 3칸, 측면 1칸에, 2층 누각식樓閣式 외삼문外三門 형식을 가지고 있다. 이곳에는 원래 서양식 종이 달려 있었다. 그러나 1945년 일제가 가져간 뒤, 1989년 다시 전통 양식의 종을 만들어 걸었다.

내부는 바실리카 양식을 따르면서도 십이사도를 상징하는 12개의 기둥을 세워 안쪽의 지성소至聖所(most holy place)와 교인들이 앉는 회중석會衆席(nave)을 구분하고 있다. 이는 대한성공회 강화성당도 비슷하다. 하지만 가운데 복도를 두어 남녀가 앉는 자리를 구분한 점에서 강화성당과 구별된다. 서양의 기독교 건축 방법에 한국의 전통적인 건축기법을 활용한 동서 절충식 목조건물이다.

본당 오른편에 세워진 사제관은 고요한(Charles John Corfe, 1843~1921) 초대 주교와 함께 조마가 신부가 1898년 만들었다. 이후, 1933년 원형 그대로를 다시 고쳐 세웠다. ㄷ자 모양의 벽돌을 쌓아 올린 연와구조煉瓦構造의 한옥 건물이다. 또한, 대들보 아래에 방을 일렬로 배치한 '홑집'으로, 5량 4칸이다. 화강석 기단基壇 위에 주춧돌을 놓고 기둥과 구조물을 세운 다음, 그 위에 팔작지붕을 얹었다. 왼쪽으로부터 부엌, 안방, 대청마루, 작은방, 건넌방 순으로 배치되어 있다. 이 사제관 역시 전통적인 한옥 건물에 영국식 주거문화가 반영된, 영국인 신부가 한국 전통 주거문화를 이해하고 이를 응용한 건축물이라 할 수 있다.

02 _____

미국의 침략과
조선의 운명

| 강화 초지진 – 강화 덕진진 – 덕진진 경고비 – 강화 광
성보 – 강화 쌍충비각 – 신미순의총 – 강화 통제영학당
지 – 연무당 옛터

강화해협의 1차 방어기지, 강화 초지진
미군에게 파괴된 경고비, 강화 덕진진 경고비
강력한 화력에 무너진 수자기, 강화 광성보
어재연 형제의 순절비, 쌍충비각·신미순의총
최초의 해군사관학교, 통제영학당지
강화도조약과 항일 의병의 장소, 연무당 옛터

바다에서 한양으로 들어가는 첫 관문이었던 강화도는 전쟁의 역사가 켜켜이 쌓인 섬이다. 삼국시대에는 고구려와 백제의 국경이자 해전과 육전의 요충지였다. 1232년 고려의 고종高宗은 몽골의 침략을 피해 강화도로 천도를 하였고, 1627년 조선의 인조仁祖도 정묘호란 때 강화도로 피신하였다. 또한, 1636년 병자호란 때는 조선의 왕족들이 강화도로 피신했지만, 섬 전체가 청에 의해 함락되기도 하였다.

이후, 강화도가 역사의 격변기에서 중심지가 되었던 것은 조선 말기, 근대 개항기였다. 1866년 병인양요 이후, 프랑스가 물러나자 이번에는 미국의 제국주의자들이 쳐들어왔다. 미국은 신미양요 이전부터 제너럴셔먼호(GeneralSherman號) 사건에 대한 응징 및 손해배상, 개항을 요구하면서 조선 원정 계획을 두 차례나 수립했다. 하지만 이를 실행에 옮기지는 못하고 있었다.

1871년 미국 제국주의자들은 청나라 주재의 미국 공사 로우(Low)에게 전권을 위임하고 아시아함대 사령관 로저스(Rodgers)로 하여금 해군함대를 이끌고 조선을 치도록 했다. 이에 로저스 제독은 기함 콜로라도호(Colorado號)를 비롯하여 군함 5척, 수해병 1,230명, 함재대포 85문을 적재하고, 5월 16일 조선 원정길에 올랐다. 이로써 강화도는 병인양요에 이어 다시 한번, 자신의 의지와 무관하게 전쟁의 회오리로 휘말려 들어갔다.

강화해협의 1차 방어기지,
강화 초지진

  긴 아치형으로 생긴 강화 초지대교를 건너 처음 만나는 교차로에서 오른쪽으로 방향을 틀어 조금만 더 가다 보면 네모난 돌로 쌓아 올린 강화 초지진이 나온다. 초지진은 조선 효종孝宗 7년, 1656년에 강화해협을 통해 해상으로 침입하는 외적을 막기 위해 쌓은 열두 개의 '진'과 '보' 중 하나다.

  초지진은 서해에서 강화해협으로 들어오는 입구에 자리를 잡고 있기에 바다를 통해 쳐들어오는 외적의 침공을 막는 첫 번째 방어기지라고 할 수 있다. 그렇기에 조선말, 초지진에서는 프랑스, 미국, 일본으로 이어지는 제국주의 침략에 맞선 전투가 계속 이어졌다. 1866년, 고종高宗(1863~1907) 3년 병인양요 때에도, 1871년 고종 8년 신미양요에서도 가장 먼저 전란에 휩싸인 곳은 초지진이었다.

강화 초지진 전경(© 문화재청)

1871년 5월 19일 남양南陽 앞바다에 도착한 로저스 제독은 서울로 가는 수로를 탐색하기 위해 강화해협을 지나가겠다고 조선 대표에게 일방적으로 통보하였다. 이에 조선 정부는 반대 의사를 명백히 밝혔다. 하지만 그들이 이를 무시하고 강화해협 통과를 강행하면서 강화도에는 전란의 먹구름이 몰려왔다.

1871년 6월 1일, 미국의 군함 두 척과 기선 네 척이 강화해협의 손돌목孫乭項에 접근했다. 그러자 강화 연안의 포대는 미국 함정에 대해 경고사격을 가했다. 그러자 미군은 곧바로 대응 사격을 했고, 화력의 절대적 열세 하에 있었던 조선의 군대는 막대한 피해를 보았다. 그런데도 미군은 조선의 경고사격을 평화로운 수로 탐색 행위에 대한 공격이자 비인도적인 야만 행위라고 규정하고 조선 조정에 대해 공식 사과를 요구하였다.

심지어 그들은 열흘 안에 사과하지 않으면 보복 상륙작전을 벌이겠다고 공언했다. 이에 조선 조정은 무장한 함선이 타국의 영토를 허락도 없이 들어오는 주권 침해행위이자 영토를 무단 침략하는 영토침략행위라고 규정하면서 모든 협상 및 사죄를 단호하게 거부하였다. 그러자 미군은 6월 10일, 초지진 상륙작전을 단행했다.

—
흰 줄 안의 총탄자국이 선명하다.

그들은 포병대·공병대·의무대뿐만 아니라 사진 촬영팀까지 동원하여 수륙 양면 작전을 전개하였다. 미국 함선의 대포들이 일시에 불을 뿜으면서 초지진의 성벽을 무차별적으로 파괴하였다. 이어 미군은 초지진으로 상륙하기 시작했다. 이미 미군 함대에 초토화된 초지진의 조선군은 제대로 된 저항조차 할 수 없었고, 미군은 저항 능력을 상실한 조선의 군인들을 일방적으로 죽였다.

하지만 초지진의 수난은 이것으로 끝나지 않았다. 신미양요 발생 4년 후인 1875년, 고종 12년 강화도 앞바다에서는 다시 일본 제국주의자들의 군함인 운요호雲揚號가 쳐들어왔다. 이번에도 치열한 격전이 펼쳐졌다. 지금도 소나무와 초지진의 성벽에는 포격 및 총격전이 벌어졌던 당시의 탄흔彈痕을 볼 수 있다. 물론 이것 중 어느 것이 신미양요 때 것인지, 운요호사건 때의 것인지 알 수 없다.

하지만 이곳의 사람들은 이 당시의 흔적들을 찾아내고 이를 기억하고자 하였다. 초지돈대草芝墩臺에 있는 커다란 소나무 두 그루가 바로 그것이다. 흰색 점선 동그라미를 그려진 곳을 보면 탄흔 자국이 선명하다. 물론 이것만으로 포탄과 총탄에 얼룩졌을 당시의 아비규환적 상황을 충분히 그려낼 수는 없다. 하지만 이 흔적을 통해 우리는 그 당시 제국주의자들의 포악한 침략성과 조선 병사들의 처절한 투쟁을 떠올릴 수 있다.

미군에게 파괴된 경고비,
강화 덕진진 경고비

초지진을 떠나 해안동로를 따라 북쪽으로 5분 정도 올라가다 보면 강화 덕진진江華德津鎭으로 향하는 이정표를 볼 수 있다. 덕진진 주차장에 들어서면 공조루拱潮樓가 탐방객을 맞이한다. 생각했던 것보다 초지진은 아담한 크기였던 반면, 덕

—
덕진진 전경

진진은 규모 면에서도 초지진과 확연히 다른 웅장함을 가지고 있다.

덕진진은 강화해협을 따라 왼쪽으로는 광성보를, 오른쪽으로는 초지진을 두고 있다. 위치상으로 보면 덕진진은 광성보와 초지진 사이를 연결하는 역할을 했던 것으로 보인다. 제국주의자들이 침략하기 위해서는 초지진 다음으로는 덕진진을 돌파해야 한다. 그렇기에 덕진진 역시 프랑스, 미국, 일본 제국주의자들의 공격 대상이 되었다.

공조루를 지나 강화해협을 내려다보며 길을 오르면 덕진진에 소속되어 있었던 덕진포대德津砲臺, 남장포대南障砲臺, 덕진돈대德津墩臺 등을 만날 수 있다. 강화해협에서 가장 강력한 포대였던 덕진포대가 덕진진에 소속되어 있었던 만큼, 이곳은 강화 12진보鎭堡 가운데 전략적으로도 가장 중요한 곳이었다. 강화의 해안을 따라 자연적 지형을 그대로 이용해서 만든 남장포대는, 적의 눈에 띄지 않도록 위장한 반달 모양의 포대다. 하지만 1871년 6월 10일 초지진을 점령한 로저스 제독이 이끄는 미군은 다음날 새벽 덕진진을 공격해 순식간에 이곳을 장악하였다.

그런데 아이러니하게도 미군이 침략한 그곳에는 '덕진진 경고비德津鎭警告碑'가 세워져 있다. 병인양요가 일어나고 통상수교거부정책이 강화되던 고종 4년 무렵에 흥선대원군의 명으로 세워진 비석이다. 비碑에는 '해문방수타국선신물과海門防

경고비가 강화해협을 내려다보고 서 있다.

덕진진 경고비

海門防守他國船愼勿過'라는 글귀가 쓰여 있다. 이는 '바다의 문을 막고 지키고 있으니 다른 나라 배는 삼가 지나지 말라'는 내용이다. 하지만 경고비 오른편에 남아 있는 총탄의 흔적들은 '경고비'를 무색하게 만든다.

강력한 화력에 무너진 수자기,
강화 광성보

1871년 6월 11일, 덕진진을 향해 치고 들어온 미군은 강화해협의 최대 요새인 광성보廣城堡를 공격하기 시작하였다. 광성보는 고려가 몽골의 침략을 피해 강화도로 천도를 한 후, 해협을 따라 쌓은 성이다. 당시에는 돌과 흙을 섞어 쌓았다. 그러나 1679년 숙종 때 전체를 돌로 다시 쌓아 석성石城이 되었다. 광성보는 주변의 돈대인 오두鰲頭·화도花島·광성 등을 총괄하는 '보'이다.

파죽지세로 올라오던 미군은 여기서 이제까지 마주쳤던 조선군과는 질적으로 다른 강력한 군대를 만났다. 바로 어재연 장군이 이끄는 군대였다. 6월 2일부터 광성보의 군대를 지휘하고 있었던 사람은 진무영鎭撫營 중군 어재연魚在淵

강화 광성보 안해루 원경(© 문화재청)

광성돈대 전경

(1823~1871)이었다. 어재연이 이끄는 훈련도감군訓鍊都監軍을 비롯한 중앙군 5초 625명은 광성보 포대에서 '수자기帥字旗 [진중陣中이나 영문營門의 뜰에 세우던 대장의 군기軍旗. 누런 바탕에 검은색으로 '帥' 자가 쓰여 있으며 드림이 달려 있다. 오로지 군영軍營에서 조련할 때만 썼다]'를 높이 내걸고 적을 맞았다.

광성보에 도착한 미군의 함포가 정상의 원뿔형 손돌목돈대를 향해 불꽃을 뿜었다. 아울러 봉화곡 일대에 상륙해 있었던 킴벌리(Kimberly) 중령의 상륙군 부대도 4문의 곡사포를 발사하기 시작했다. 해상과 육상, 전방과 후방에서의 협공이 시작된 것이다. 어재연 장군의 부대는 쏟아지는 폭탄에도 불구하고 적들에 맞서 끝까지 싸웠고, 장렬한 최후를 맞이했다. 광성보에 걸려있던 수자기가 내려가고 성조기가 게양되었다.

미군은 그 당시 광성보에서 획득한 어재연 장군의 수자기를 전리품으로 가져 갔고, 2007년까지 미국 해군사관학교박물관에 소장되어 있었다. 대한민국 정부에서는 그동안 해외 유출 문화재 반환 운동을 추진하면서 어재연 장군의 수자기에 대해서도 반환을 요청하였다. 하지만 미국 해군사관학교 박물관 측에서는 반

광성보에서 바라본 강화바다 · 어재연 수자기
(© 강화군청 강화전쟁박물관)

환이 불가하다는 태도를 고수하였고, 2007년이 되어서야 10년간의 장기 대여 방식으로 국내로 돌아올 수 있었다.

　현재 어재연 장군의 수자기는 강화박물관에 보관되어 있다. 신미양요 당시 수자기는 침략자들을 향해 이 땅의 주인이 누구인가를 보여주었다. 하지만 제국주의자들에게 약탈당한 수자기는, 마치 일제 강점기에 빼앗긴 산하처럼 그동안 제국주의자들의 전리품이 되었다가 136년이 흐른 뒤에야 비로소 우리 품으로 돌아올 수 있었다.

　식민의 역사를 극복하는 데 이토록 오랜 시간이 필요한 것처럼 식민이 남긴 상처를 극복하는 것은 쉬운 일도, 단기간에 이루어질 수 있는 일도 아니다. 아직도 우리 주변에는 청산되지 않은 식민의 상처가 곳곳에 남아 있다. 그렇기에 문제는 우리가 식민의 역사를 잊지 않고 기억하면서 쉬지 않고 이를 극복하기 위한 싸움을 전개하는 것인지도 모른다.

어재연 형제의 순절비,
쌍충비각·신미순의총

1871년 6월 2일, 이곳의 전투에서 조선군 수비대 350여 명이 전사하였다. 반면 미군 측에서는 맥키(McKee) 해군 대위를 포함한 3명의 전사자와 10여 명의 부상자가 있었을 뿐이었다. 미군의 압도적인 승전이었다. 그러나 그런 역량의 차이에도 불구하고 조선군의 용맹만은 미군을 압도하였다.

광성보에서 죽어간 자들은 당시 온갖 권력과 세도를 누렸던 양반이나 관리가 아니었다. 그들은 무명소졸 또는 조선의 양반들에게 천대받던 포수들이었다. 일설에 의하면 그들 중에는 호랑이를 잡는 포수도 있었기 때문에 그렇게 용감하게 싸울 수 있었다고 한다. 하지만 진실이 무엇이든 간에 신미양요의 진짜 영웅들은 권력자들이 아니라 조선의 백성들이었다는 것은 분명하다.

강화역사박물관에 있는 신미양요 광성보 전투 재현 장면

—
강화 광성보 쌍충비각 편액(© 문화재청)

—
신미순의총 전경

오늘날 광성보에는 당시 전사한 이들을 기리는 비석이 세워져 있다. 광성보 정문 현판이 있는 안해루按海樓에서 오른편으로 난 숲길을 따라 걸어 들어가다 보면 나오는 '신미양요무명용사비辛未洋擾無名勇士碑'가 바로 그것이다. 하지만 이곳에는 '무명용사비'만 있는 것이 아니다. 조금 더 안쪽으로 들어가면 왼쪽으로는 비각碑閣이, 오른쪽 아래로는 여러 주검을 함께 모신 무덤이 나온다.

왼쪽에 있는 것이 바로 '쌍충비각雙忠碑閣'이고, 오른쪽 아래에 있는 무덤이 '신미순의총辛未殉義塚'이다. '쌍충비각'에는 어재연, 어재순 두 형제의 순절비가 각각 서 있어서 '쌍충'이라고 부른다. 반면 '신미순의총'은 신미년에 의롭게 죽은 사람들의 무덤이라는 뜻으로, 신미양요가 끝난 이후, 어재연 형제의 시신을 고향인 충청북도 음성군 대소면 성본리에 안장하고 남은 신원을 알 수 없는 51명의 시신을 일곱 기의 분묘墳墓에 합장한 무덤이다.

최초의 해군사관학교,
통제영학당지

광성보에서 치열한 전투가 있었던 다음날인 1871년 6월 3일, 미군은 철수하였다. 무려 40여 일간 강화도에 상륙하여 무력 시위를 전개하던 이들은 스스로 물러났다. 이것은 그들이 애초 의도한 바가 무력시위를 통해서 조선의 개항을 실현하는 것이었기 때문이다. 하지만 이와 같은 포함전략砲艦戰略에도 불구하고, 중국·일본·동남아시아에서와 달리 조선 정부의 완고한 정책 때문에 개항은 실패했고, 그들은 철수를 했다.

하지만 흥선대원군은 병인양요와 마찬가지로 이번에도 미군의 후퇴를 승전으로 받아들였고, 자가당착에 빠져 통상수교거부정책을 더욱 강화하였다. 흥선대원군은 서양 문물을 악으로 규정하고 모든 친선을 거부하였다. 그는 전국 각지에 '척화비斥和碑'를 세웠고, 서양의 오랑캐 즉, '양이洋夷'와의 화친은 곧 매국이고 망국 행위라고 단죄하였다.

오늘날 일각에서는 흥선대원군의 척화비 건립을 가리켜 '척화라는 이슈를 국가적 이벤트로 만든 것'이라고 지적하기도 한다. 당시 세계는 더 자유로운 개인들의 사회로 나아가 있었지만, 왕조에 미련을 두고 있던 완고한 권력자는 세계정세와 무관한 자신의 왕국 건설에만 골몰하였다. 그가 박해를 가했던 천주교도 조선 사회에 깊숙이 들어와 '개벽'의 세상으로 변해가고 있었는데도 말이다.

물론 의도는 달랐지만, 조선 왕실이 조선을 지키기 위해 노력을 하지 않은 것은 아니었다. 병인양요 10년 뒤이자 신미양요 6년 뒤인 1876년, 일본이 군함 운요호를 보내 초지진과 영종진永宗鎭을 파괴하는 사건이 일어나자 그때서야 비로소 조선 왕실을 비롯한 지배자들은 근대식 군대의 필요성을 인식하였다.

그러나 1888년 한반도 최초의 근대적 신식 군대인 '별기군別技軍' 창설도, 사

통제영학당지 전경

관생도 양성을 목표로 한 연무공원鍊武公院 설치도 결과적으로는 실패하였다. 별기군은 일본의 비협조로, 연무 공원은 무관을 상대적으로 천시했던 조선의 사회문화적 풍토와 양반자제의 기피, 그리고 제도적 불합리로 인해 좌절되고 말았다.

강화도에도 조선 왕조가 나라를 지키기 위한 노력한 흔적들을 보여주는 곳이 있다. '강화통제학당지江華統制營學堂址'가 바로 그것이다. '조선수사해방학당朝鮮水師海防學堂'이라고 부르기도 했던 이곳은 한반도 최초의 해군사관학교인 '통제영학당統制營學堂'이 있었던 곳이다.

광성보에서 해변을 따라 북쪽으로 올라가다 보면 구舊 강화대교와 신新 강화대교 사이에 있는 데 찾기가 쉽지 않다. 갑곶순교성지에 조성한 공원으로 내려가 바닷가 길을 따라 뒤편으로 가야 볼 수 있다. 현재 그곳에는 표지석만 남아 있다.

1893년 2월, 조선 왕조는 기존의 수군 편제를 근대식 해군체제로 개편하고, 10월 강화도 갑곶나루에 해군사관 및 하사관 양성학교인 통제영학당을 열었다. 교장은 영국인 허치슨(Hutchison)이 맡았다. 아울러 군사학과 항해학은 40대 후반의 영국 해군 대위 콜웰(Callwell)이, 포술학은 하사관 커티스(Curtis)가 담당하였다.

하지만 이듬해 1894년 발발한 갑오농민전쟁과 청일전쟁 등으로 인해 교육이 제대로 이뤄지지 못했다. 그러다가 청일전쟁에서 승자가 된 일본은 조선의 군사력을 아예 제거하기 위해 조선 조정을 압박하였고, 그해 10월 학교는 폐교돼 방치되었다. 따라서 통제영학당의 폐교는 조선의 멸망과 식민지화라는 운명의 시작이기도 했다.

1897년 대한성공회는 이곳의 관사와 대지 3,000여 평을 매입해 '성바우로회당'을 세우고, 선교본부를 강화성 안으로 이전하였다. 이곳에서 대한성공회는 한옥과 절묘하게 결합한 건축양식인 '대한성공회 강화읍 성당'을 건립하였다.

결국, 역사에 남은 것은 대한성공회의 성당였으며 조선 왕실은 일제 식민화와 함께 역사의 뒤안길로 사라졌다. 나라를 지키고자 했지만, 그들이 지키고자 한 것은 이 땅의 주권과 백성이 아니라 조선 왕실이었기 때문이다. 그렇기에 그들의 조선 지키기는 시대착오적이었고 실패할 수밖에 없는 운명이었다.

강화도조약과 항일 의병의 장소,
연무당 옛터

조선 조정의 노력을 엿볼 수 있는 곳은 통제영학당지뿐만이 아니다. '연무당鍊武堂 옛터' 역시 제국주의의 침략에 대응하고자 고심했던 조선 왕조의 노력을 보여준다. 통제영학당지에서 강화도 읍내 쪽으로 들어가다 보면 연무당 옛터가 나온다. 현재 건물은 없어지고, 이곳에 연무당이 있었음을 알리는 표석標石만 세워져 있다.

연무당은 말 그대로, 무예를 수련하는 곳이다. 조선의 강화부에 소속되어 있던 군사들이 이곳에서 군사 훈련을 받았다. 병인양요가 있은 지 4년 후, 1870

년 고종은 이곳에 연무당을 세워 제국주의자들의 침략에 대항할 수 있는 군사력을 키우고자 하였다. 하지만 아이러니하게도 이곳은 오히려 조선의 본격적인 몰락을 알리는 사건이 일어난 장소가 되었다.

1876년 조선은 일제의 강압에 떠밀려 이곳에서 '강화도조약江華島條約'을 맺었다. 조약의 정식 명칭은 '조일수호조규朝日修好條規'였다. '수호'는 남이 지켜주는 것이 아니다. 하지만 당시 제국주의자들은 '수호'를 명분으로 자국의 군대를 주둔시켰다. 그렇기에 수호는 명분일 뿐, 그것의 진실은 제국주의 군대의 주둔을 통한 강점과 지배, 약탈이었다.

외세의 개항 압력에 굴복해 일찍 문을 연 일본은, 인도차이나와 중국에 서구 제국주의의 관심이 쏠려 있는 사이 힘을 길러, 서구 제국주의자들에게 배운 방식을 그대로 사용해 조선을 침략하였다. 1875년 일본 제국주의자들은 운요호를 강화도 앞바다로 보내 무력시위를 벌이는 한편, 강화해협 쪽으로 군함을 보내 연안 포대의 포격을 유발함으로써 프랑스, 미국 제국주의자들이 했던 방식과 같이 조선의 대응 포격을 빌미로 무력침략을 정당화하였다.

1875년 4월 일본은 운요호를 부산과 동해안에 보내 무력시위를 하더니, 9월에는 강화도 앞바다까지 올라와서 무력행사를 하면서 힘을 과시하더니 그해 9월 21일, 일본의 운요호는 초지진 앞바다에 정박하고, 신선한 물이 필요하다며 상륙

연무당 옛터
(© 강화군청)

허가를 요구했다. 하지만 조선 조정은 이를 불허했고, 일본군은 보트를 타고 무단으로 상륙을 시도했다. 이에 초지진의 조선군은 운요호를 향해 포격을 가했고, 운요호는 이에 대한 대응으로 초지진을 조준해 파괴하였다.

초지진을 파괴한 일본군은 강화도에 상륙을 시도했으나 바닷물이 모두 빠진 간조干潮여서 육지로 오르지 못하고 뱃머리를 돌려 남쪽의 영종진永宗鎭으로 접근하였다. 이곳에서 운요호는 다시 대규모 포격을 가하였다. 이로 인해 영종진에 주둔하던 35명의 조선 병사가 전사하였다. 그렇지만 1876년 2월 27일, 일본 제국주의자들은 오히려 운요호사건을 빌미로 다시 군함을 보내 조선 정부를 압박하였다.

일제의 압박을 견디지 못한 조선은 일본과 '강화도조약'을 체결하고 부산, 원산, 인천을 개항함으로써 늑대 떼와 같이 먹잇감에 향해 몰려드는 제국주의자들에게 문을 열고 말았다. 이후, 일본은 조선의 지배권을 두고 청나라와 전쟁을 벌였고, 여기서 승리함으로써 한반도의 패권을 최종적으로 장악하였다. 1907년, 일본 제국주의는 대한제국의 마지막 숨통을 끊기 위해 조선의 군대를 강제로 해산시켰다.

하지만 강화도에는 이런 치욕스러운 역사만 있는 것이 아니다. 치욕의 역사적 현장이었던 강화도를 다시 저항의 민족사적 현장으로 바꾸어 놓은 것은 조선의 백성들이었다. 일본 제국주의가 강제로 군대를 해산하자 이에 저항하는 의병 활동이 들불처럼 일어났다. 강화도에서도 강화분견대를 중심으로 한 강화 의병이 결성되었고 이곳은 그 무대가 되었다.

육군 참령參領으로서 강화진위대장江華鎭衛隊을 역임했던 이동휘李東輝 (1873~1935) 와 연기우延基羽(?~1914) 등은 전등사에서 의병 모집을 결의하고 거병함으로써 일본군에 맞서 싸웠으나 진압당하였다. 일설에는 강화도조약을 맺었던 이곳에서 의병들이 일제의 침략을 규탄하는 군중 집회를 열기도 했다고 한다. 마치 그 옛날 연무당에서의 치욕을 씻어내기라도 하듯이 말이다.

이동휘(© 강화군청)

하지만 지금 이곳에는 그런 자취가 없다. 대신에 이은상李殷相이 짓고, 김충현金忠顯이 쓴 비문만 남아 있다. 하지만 비문을 보면 부끄러워 얼굴을 들 수 없을 정도로 민망하기 짝이 없다. 망국亡國의 역사를 교훈 삼아야 한다는 취지에 이견을 달 사람은 없다. 또한, 연무당의 치욕이 주는 교훈을 박정희 전 대통령의 훈시에서 찾는 것도 비석을 쓴 자들의 면면을 보아 그들의 자화상이라고 치부하고 넘길 수 있는 일이다.

하지만 '1976년 박정희 대통령께서 친히 돌아보시고', '길이 보존하도록 분부를 내려'와 같은 표현은, 이 나라의 주권이 국민에게 있는 민주주의국가인가를 의심하게 만든다. 이것이 과연 구한말 대한제국의 고루한 사고나 행동 양식과 무엇이 다른가?

하지만 구한말 개항기 항전의 역사를 고스란이 간직하고 있는 역사의 현장인 강화도를 돌아보는 길에 만난 육군 참령 이동휘와 그의 의병들이 쏟아내는 함성이 귓가에 들리는 듯하다. 제국의 구중궁궐에서 세상을 내려다보던 자들과 달리 그들은 자신의 모든 것을 내던져 적과 싸웠고, 장렬하게 전사했다.

그들의 항일 의병운동으로부터 시작해서 일제 패망 때까지 지속되었던 항일 무장투쟁과 독립군의 역사를 오늘날 우리는 잊지 말고 똑똑히 기억해야 한다. 덕진진에서, 초지진에서, 광성보에서 최후의 일인까지 맞서 싸우다 산화한, 바로 그

강인한 민초들의 기개가 바로 오늘 우리를 있게 했을 뿐만 아니라 치욕스런 역사 속에서도 빛나는 별이 되어 우리에게 명예로운 자부심을 심어주기 때문이다.

덕진진과 광성보 둘러보기: 강화도의 요새들 5진, 7보, 53돈대

강화도는 한반도 중부의 가장 왼편이자 한강 입구에 자리를 잡고 있으면서 너른 곡창지대를 가지고 있다. 게다가 강화도와 김포 사이에는, 조수간만潮水干滿의 차가 큰 바다가 폭이 매우 좁은 협곡을 빠져나가기 때문에 물살이 거세 적을 막기에 최적의 지형 조건을 갖추고 있다. 그렇기에 이런 해안가를 따라 강화도의 요새들이 구축되었다.

몽골의 침략을 피해 강화도로 온 고려는 해안을 따라 10리 간격으로 대대 규모의 진鎭을 설치하고, 진과 진 사이에는 중대 규모의 보堡를, 진과 보 사이에는 소대 규모의 돈대墩臺를 설치하였다. 이후, 조선 숙종 때에 이르러 현재와 같은 5진과 7보, 53돈대가 갖추어졌다. 강화도에는 아직도 사적 제225호인 초지진草芝鎭, 사적 제226호인 덕진진德津鎭, 사적 제227호인 광성보廣城堡 등이 남아 있다.

강화전쟁박물관에 있는 광성보와 돈대 배치도

—
강화 광성보 용두돈대 전경(© 문화재청)

—
밑에서 올려다본 손돌목돈대 전경

이 중에서도 광성보는 둘레길이 잘 조성되어 둘러보기에 좋다. 광성보 입구로 들어가 남쪽으로 큰 성문과 성곽으로 된 '안해루按海樓'가 있다. 안해루를 기점으로 북쪽에는 광성보 산하의 돈대인 광성돈대부터 시작해서 오두돈대와 화도돈대가 이어지며 남쪽으로는 손돌목돈대와 용두돈대가 이어진다.

돈대는 외적의 침입을 감시하고 전쟁을 대비할 목적으로, 해안이나 접경지역에 쌓는 소규모 방어시설을 말한다. 광성돈대에는 포좌砲座 4개소와 포砲 3문이 복원되어 있다. 용두돈대는 강화해협을 향해 용머리처럼 돌출된 자연 암반석 위에 설치된 돈대로, 병인양요, 신미양요 때 포격전이 있었던 곳이다.

만해루 바로 옆에 있는 둥그런 모양의 오두돈대는 강화도 해안에 자리 잡은 원형의 돈대로, 돈대의 위치가 자라의 머리를 닮았다 하여 '자라 오鼇'와 '머리 두頭' 자를 써서 '오두돈대'라고 부르기도 했다. 화도돈대花島墩臺는 다른 돈대들에 비해 상대적으로 저지대인 간척지 벌 가운데의 작은 동산 위에 직사형의 구조로 가지고 있다. 광성보 해안 길을 따라 걸으며 이들 돈대의 위치와 모양을 비교해 보는 것도 여행의 즐거움이다.

연기우 의병장 공덕비와 강화 의병, 이동휘

갑곶리순교성지 가는 길 옆에 조성되어 있는 갑곶리 진해공원을 가면 죽산 조봉암 선생의 추모비를 비롯해 역사적인 인물들의 비석을 볼 수 있다. 하지만 여기서도 우리가 놓쳐서는 안 되는 비석이 있다. '연기우 의병장 공덕비'가 그것이다.

일제에 의해 국권이 유린당할 때, 이를 참지 못한 군인들이 들고일어났다. 1907년 8월 1일 서울 진위대의 해산을 시작으로 일제의 군대 해산에 반발한 무장봉기가 전국으로 확산되었다. 강화분견대도 그런 부대 중 하나였으며 연기우延基羽(?~1911)는 이 부대를 이끌었던 의병장이었다.

연기우는 삭녕朔寧(현재 강원도 철원군과 경기도 연천군 일대의 옛 지명) 출신으로, 1908년 13도 창의군倡義軍의 서울 진공 작전 때 선봉장으로 활약했던 의병장이다. 그는 이곳에서 봉기한 이후, 연천과 철원에서 의병장으로 명성을 떨쳤다. 그

—
연기우 의병장 공적비 전경

는 그 당시 황해도와 경기도에서 활약하던 이진용 의병과 연합해 큰 전과를 올리기도 했다. 1910년 4월 장단長湍(현 파주시 장단면)에서 패한 후, 1911년 그는 죽음을 맞이하였다.

하지만 이 당시 강화봉기를 주도했던 인물 중에 연기우와 다른 길을 걸었지만 죽을 때까지 독립운동을 했던, 하지만 사회주의계열이라는 점 때문에 오랫동안 잊힌 인물이 있다. 이동휘다. 그는 강화진위대의 전 대대장으로, 강화지역 보창학교普昌學校 교장, 대한자강회 강화지부장, 감리교회 권사 등을 역임하고 있어 신망이 높았다.

지금도 강화도에는 이동휘가 감동적인 연설을 통해 의병들을 모았다는 이야기가 남아있을 정도로 강화 봉기에 적극 가담했던 것으로 보인다. 하지만 이동휘를 따라 일어난 강화봉기는 일제의 탄압으로 실패했고, 그 또한 이곳을 떠나지 않으면 안 되었다. 그 이후, 그는 서북학회西北學會와 비밀결사 신민회新民會의 간부로서 항일운동을 전개하다가 1913년 러시아로 망명했다.

1918년, 그는 한인사회당韓人社會黨을 건설했으며 1919년 대한민국임시정부의 국무총리가 되었으며, 레닌으로부터 독립자금을 지원받기도 했다. 하지만 이 자금을 둘러싼 임정 내의 내분으로 인해 그는 총리를 사임했고, 블라디보스토크에서 공산주의운동을 하다가 1935년 1월 31일 타계했다.

하지만 이동휘는 최초의 한인 사회주의 단체였던 '한인사회당'과 '고려공산당(상해파)'을 조직했던 경력이 문제가 되어, 봉오동과 청산리전투의 영웅 홍범도洪範圖(1868~1943) 장군처럼 오랫동안 잊히고 심지어 불온시 되었다. 하지만 역사의 진실을 감출 수는 없듯이 1995년 그에게도 건국훈장 대통령장이 추서되었다.

이동휘는 강화중앙교회 출신으로, 당시 의병 활동으로 목숨을 잃은 김동수, 김남수, 김영구뿐만 아니라 조봉암도 이곳 출신이다. 이에 대한 기록은 현재 강화중앙교회를 가면 전시되어 있다. 또한, 지금의 강화도 '양도초등학교'의 초대 교장도 이동휘였다. 강화군 양도면에 있는 작은 초등학교의 기원이 바로 이동휘가 세운 '보창학교普昌學校'이기 때문이다.

그외에도 인천의 무의도에 그의 행적이 남아 있다. '105인 사건'으로 인해 여기서 1년간 유배 생활을 했기 때문이다. 하지만 그의 이런 행적은 아직도 제대로 드러나 있지 않다. 그렇기에 이런 잊히거나 감추어진 역사적 기억을 찾아다니는 것도 여행이 주는 묘미다. 마치 나만이 알고 있는 보물을 찾은 듯한 '소소행'을 주기 때문이다.

03

그리움을 재현하는 땅,
교동도와 강화도에서 본
북녘과 달빛에 머무는
평화의 시간

| 교동도 망향대 – 대룡시장 – 화개산 – 교동대교 – 강화
제적봉 평화전망대 – 연미정

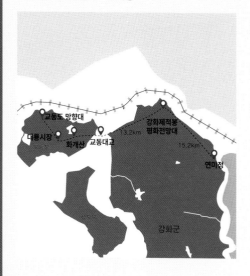

10분이면 갈 연백의 그리움, 교동도 망향대
고향 '연백장'의 재현, 대룡시장
한눈에 내려다보는 서해 물길, 화개산
평화의 꿈, 강화 제적봉 평화전망대
제비 꼬리에 비춘 달빛, 연미정

_____ 분단은 단순히 한 나라가 둘로 갈라진 것만을 의미하지 않는다. 분단은 땅의 분단이면서도 그 땅에 깃들어 살아가는 생태의 분단이자 사람의 분단이다. 특히, 사람의 분단은 생태의 분단보다 더 강력하고 더 깊은 상처를 남긴다. 분단은 같은 고향에서 자란 친구들의 분단만이 아니라 부모·자식과 형제·자매와 같은 혈육의 분단을 낳기 때문이다. 정이 깊은 만큼, 만날 수 없는 사람들 사이의 그리움은 더 커질 수밖에 없다.

_____ 한국전쟁 이후, 많은 사람이 고향을 잃어버린 실향민失鄕民이 되었다. 실향의 아픔은 그리움의 깊이만큼 한恨이 되어 남는다. 갈 수 없는 곳에 대한 기억과 그리움을 달래기 위해, 그들은 같은 고향 출신들끼리 북쪽과 가까운 곳에 마을을 만들었다. 강원도 동쪽 속초의 아바이마을에서부터 서해 끝 이곳 강화 교동도까지 이런 마을이 있다. 사람들은 이곳에서 북쪽 하늘을 보며 그들의 그리움을 달랬는지 모른다.

_____ 특히, 강화도와 교동도의 사람들은 바로 앞이 북쪽 땅이다. 과거 그들은 바다를 건너다녔다. 하지만 지금 그들은 손을 내밀면 잡힐 것 같은 그곳을 가지 못한다. 그것은 다른 무엇이 아니라 '분단' 때문이다. 심지어 하늘을 나는 새도, 육지에 사는 뭇짐승들도 바다를 건널 수 있지만, 인간만은 그렇지 못하다. 남과 북의 국민이라는 국적이 그들을 강제하기 때문이다. 분단의 억압성은 바로 여기에 있다. 생태적인 분단보다 인간의 분단이 더 강력하고 억압적인 것도 이 때문이다.

_____ 강화도는 김포와 사이에 있는 강화해협을 통해 서울로 진입하는 입구이자 북쪽으로는 예성강을 통해 개성으로 들어갈 수 있는 길목이기도 하다. 그렇기에 강화도와 강화도의 부속 섬 교동도에 사는 사람들은 다른 지역에 사는 사람들보다 더욱 강력한 실향의 한을 간직하고 있다.

10분이면 갈 연백의 그리움,
교동도 망향대

교동도는 강화도보다 서쪽에 위치하는 섬으로, 강화도 본섬에서 교동대교를 타고 건너면 갈 수 있다. 바로 맞은편인 북의 황해도 연안군과는 거리가 2.6km에 불과한 섬이다. 남쪽에서 교동도를 가는 것보다 북에서 교동도를 오는 게 더 가깝고 쉽다. 그렇기에 교동도는 섬 전체가 민간인 출입 통제선 안에 있다. 그래서 교동도로 가기 위해서는 교동대교를 건너기 전, 강화도 검문소에서 출입증을 발급받아야 한다.

한국전쟁 이전까지만 해도 교동도와 맞은편에 있는 황해도 연안군은 38선 이남으로, 똑같이 남쪽에 속했다. 그렇기에 황해도 해주와 인천 사이를 연결하는 네 개의 정기 연락선이 왕래하면서 하나의 생활권을 유지했었다. 그러나 한국전쟁이 나면서 상황은 완전히 달라졌다. 한국전쟁이 일어나자 1951년, 3만 명의 황해도 연백군민들이 교동도로 피난을 왔다. 그 당시, 그들은 잠시 피난왔다고 생각하였다. 하지만 지금 그들은 이곳에서 70여 년을 넘게 살고 있다. 분단 때문에 다시

—
교동대교 전경(© 강화군청)

교동도 망향비

고향으로 가고 싶어도 갈 수 없는 것이다.

그들은 한국전쟁 이전까지만 하더라도 북쪽의 연백평야에서 농사를 짓고 살았다. 하지만 그들은 이곳 교동도에 발이 묶였고, 이제 교동평야를 연백평야 삼아 땅을 일구고 있다. 그러나 어찌 두고 온 고향을 잊을 수 있겠는가? 곧 돌아갈 것이라는 믿음은 세월이 흐르며 부서졌지만, 그럴수록 사무치는 그리움은 더욱 깊어졌다. 그렇기에 연백군 출신 실향민들은 1960년에 바다 건너편 연백평야가 보이는 교동도 밤머리산에 망향비望鄕碑를 세우고 매년 제사를 지내기 시작하였다. 밤머리산에서 연백까지 뱃길로 겨우 10분 거리다.

하지만 분단으로 인한 그리움을 품은 채 살아가는 사람들이 어디 이들뿐이겠는가? 이곳에 망향비가 서고 사람들이 제사를 지내면서 여기저기에서 실향민들이 찾아들었다. 그렇게 교동도의 망향비는 북쪽 고향을 그리는 사람들에게 성지聖地가 되었다. 교동도는 정보 공개가 자유로운 곳이 아니다. 따라서 망향대조차 검색이 안 되는 경우가 많다. 이곳에서는 디지털보다 이정표를 믿는 게 낫다. 교동면 지석리 마을 입구에서 망향대 이정표가 안내하는 방향을 따라가면 주차장과 찻길 끝이라는 표지석이 나온다. 이곳에 차를 세우고 파란 울타리를 따라 약 90m 걸어가면 교동도 망향대에 도착할 수 있다.

고향 '연백장'의 재현,
대룡시장

잃어버린 것을 대신할 수 있는 무언가를 창조하는 것이 인간이다. 무수한 예술작품이 그렇게 탄생하였다. 연백군의 실향민도 잃어버린 것들을 대신해 이곳에 삶의 공간을 다시 만들었다. 교동면 대룡리에 가면 '시간이 멈춘 곳', 대룡시장이 있다. 연백군에서 피난 온 주민들이 고향의 '연백장'을 본떠 만든 재래시장이다. 시장에는 40곳 남짓한 점포가 들어서 있다. 일본식 건축물들 양옆으로 1층짜리 점포를 증축해가며 규모를 키웠고, 곳곳에 1층 건물들이 들어서면서 시장 골목이 만들어졌다.

당시 교동도에 실향민이 어느 정도 들어왔는지에 대한 정확한 통계는 없다. 하지만 1965년 발표한 인구조사에 따르면, 교동도에는 약 1만 2천여 명이 살고

—
대룡시장의 모습

대룡시장 어귀의 풍경

대룡시장 입구

대룡시장 안 모습

있었다. 이전까지는 3천여 명에 불과했던 교동도 인구가 4배 정도 늘어난 것이다. 시장 골목 양쪽으로 들어선 슬레이트 건물은 지금도 1960~1970년대 풍경을 고스란히 간직하고 있다. 어린 시절 동네 친구들과 함께했던 말뚝 박기 조형물을 비롯해 옛 시절의 삶이 묻어나는 벽화들이 담벼락을 채우고 있다.

농촌 근대화사업이 활발하던 1970년대에 호황을 누리면서 대룡시장은 교동도 경제의 중심지 역할을 하였지만, 시장을 이끌어온 실향민 1세대들이 세상을 떠나면서 규모가 줄었다. 2014년 7월 교동대교 개통 이후, 교동도는 실향민들의 과거 추억을 간직한 곳으로 관광명소가 되었다. 400m 남짓한 중심거리에는 방앗간, 미용실, 양복점, 약국, 도넛 가게, 신발가게, 커피숍에서부터 심지어 옛 간판을 단 극장까지 들어서 있다. 순박하고 정겨운 간판들이 늘어선 거리는, 마치 영화 속에서나 보았던 그 시절로 데려가는 추억여행의 장소로도 손색없다.

한눈에 내려다보는 서해 물길,
화개산

교동도에서 가장 높은 산은 해발 259.6m인 화개산華蓋山이다. 조그만 섬에 우뚝 솟은 산은 마치 뚜껑을 활짝 벌려 놓은 모양을 하고 있어서 '화개華蓋'라는 이름이 붙었다. 이 산은 강화도 곳곳이 그렇듯 한강과 개성 입구라는 지리적 특성 때문에 삼국시대 이래로, 국방의 요지였다. 그러나 지금은 세월이 흘러 백팩커(backpacker)들의 산행지로 더 많이 알려져 있다. 화창한 날에 화개산 정상을 오르면 저 앞으로 북녘땅, 황해도의 연백평야와 예성강 하구, 그리고 개성시의 송악산이 보인다. 그래서 연백군 실향민은 이곳 정상에서도 망향제를 지냈다. 어디를 가나 그리움이 묻어났다.

화개산은 전망대 역할 뿐만 아니라 예로부터 중요한 군사기지였음을 짐작하게 하는 흔적이 능선 곳곳에 남아 있었다. 산기슭에서부터 능선을 따라 계곡을 감싼 모양의 포곡식 산성인 화개산성은 총 길이가 2,168m로, 적의 공격을 방어하기 위한 예비 병력 집결지였다. 고구리산성古龜里山城이라고도 불리는 화개산성은 화개산을 중심으로 한 고구리와 상용리 사이를 연결하는 산성이었다. 화개산 정상에는 고려 시대에 쌓은 것으로 추정되는 화개산성지가 남아 있고, 화개산성 외

고구리산성(© 강화군청)

화개산 정상

성과 내성의 북벽이 교차하는 지점인 북벽 망루가 있다.

산성으로 가는 길에는 군사들이 식수로 사용했을 것으로 추정되는 화개약수가 있다. 정상에서 서북쪽으로 50m 떨어진 곳이다. 이곳에는 통신 시설인 화개산 봉수대가 남아 있다. 남쪽 산자락에는 고려 때 지어진 화개사華蓋寺가 있다. 고려 말의 대학자 목은 이색은 이곳 화개사를 찾아 한동안 머물렀다고 한다. 이색은 중국 원나라에 가서 과거에 급제하고, 귀국하여 우대언右代言과 대사성 등을 지냈으며, 신유학(성리학)의 보급과 발전에 공헌한 인물이다. 그의 문하에서 고려 왕조에 충절을 지킨 명사名士와 조선 왕조 창업에 공헌한 사대부들이 많이 배출되었다. 정몽주와 정도전 등이 모두 그의 제자들이었다. 이성계의 새로운 나라에 출사出仕를 거부하고 초야草野에 묻혀 살았다. 그는 혹시 이곳에서 탁발승의 목탁 소리를 들으며 '무극이 태극이다無極而太極'를 생각했던 것은 아닐까?

평화의 꿈,
강화 제적봉 평화전망대

과거 교동도와 강화도를 왕래하는 길은 뱃길뿐이었다. 그러나 2014년 7월, 강화도군 양사면 인화리와 교동면 봉소리를 잇는 해상교량인 교동대교가 개통되면서 더 많은 사람이 교동도를 방문하게 되었다. 강화군의 본도인 강화도와 교동도를 잇고 있어서 '교동 연륙교'라고도 한다. 교동교를 넘어서 강화도로 넘어오면 왼쪽 북녘땅의 위치도 함께 이동한다. 교동도 건너편 북쪽이 황해도 연백이었다면, 강화도 바다 건너편은 개풍군이기 때문이다.

분단 이전에는 개성 인삼이 강화도에 내려와서 강화 인삼이 됐고, 개성의 방직기술자들이 강화도에 방직공장을 세웠다. 이 당시 강화와 개성은 한동네였다. 강화군 양사면 철산리 민통선 북방지역 임야에 지어진 전망대인 강화 제적봉 평화전망대는 황해도 개풍군까지의 직선거리가 2.3km에 불과하다. 남쪽에서 북쪽을 볼 수 있는 전망대 중에서 북녘땅과 가장 가까운 곳이다. 그래서인지 모르나

—
제적봉에서 바라본 북녘땅

강화제적봉

이곳에 서면 저쪽이 내가 갈 수 없는 곳이라는 사실을 종종 망각하게 된다. 하지만 이곳 평화전망대에서 바라보는 풍광의 독특함은 북쪽을 가장 가까이서 볼 수 있다는 점에만 있는 것이 아니다.

　강화 제적봉 평화전망대에서는 남북의 내륙으로 흘러드는 임진강과 한강, 예성강의 흐름을 한눈에 볼 수 있다. 또한, 남북이 서로 만나 협력을 만들어가는 개성공단도 볼 수 있다. 교동도 망향대가 건물 없이 쉼터같은 공간에서 두 대의 망원경으로 조용히 북녘땅을 바라보는 공간이라면, 이곳 강화 제적봉 평화전망대는 4층의 건물 위에서 이곳 전체의 물길과 개성 땅을 바라볼 수 있는 곳이다. 하지만 남북이 서로 협력해서 만든 개성공단이 바로 지척에 있음에도 이곳의 전망대에는 '평화'만 있는 것이 아니다. 여기에는 여전히 과거의 낡은 적대성이 섞이어 있다.

　강화 제적봉 평화전망대라는 이름에서 '제적봉制赤峰'은 '붉은 적赤', 즉 '공산당을 제압하는 봉우리'는 의미다. 하지만 남북이 상대를 제압하려고 하면 할수록 한반도는 '평화'가 아니라 '전쟁의 소용돌이'로 빠져들었던 것이 과거 역사였다. 반면 개성공단을 만들었을 때, 북은 자신의 부대를 개성공단 뒤로 물렸다. 협력은 서로가 평화로울 때 유지된다. 그렇기에 경제협력은 서로의 이득을 위한 평화 구축이라는 남북의 노력을 만들어내며, 이곳 전망대는 그런 평화의 꿈을 다시금 환기하는 곳이 된다.

제비 꼬리에 비춘 달빛,
연미정

서울과 평양을 잇는 중간에 개성이 존재한다. 서울과 평양은 과거 조선과 고구려의 수도였지만, 개성은 고려의 수도였다. 지금 남과 북은 서울과 평양을 수도로 삼고 있다. 개성은 이 두 수도를 오가는 가교의 현장인지도 모른다. 그렇기에 과거 개성과 하나의 생활권을 형성했던 강화도는 개성의 꿈을 꾸는 곳이 되어야 하는지도 모른다.

바로 그 강화 제적봉 평화전망대에서 해안선을 따라 남쪽으로 내려오면 또 다른 전망대가 있다. '연미정燕尾亭'이다. 연미정은 강화 월곶돈대 꼭대기에 세워진 정자亭子의 이름이다. 그동안 연미정은 군사 보호구역으로 지정되어 일반인의 출입이 엄격히 제한되어 있었다. 그러나 2008년 민간인 통제구역에서 해제되면서 이제는 자유롭게 드나들 수 있게 되었다. 하지만 연미정은 북녘땅을 건너보기 위해 세워진 여타의 전망대와 다르다. 연미정은 원래 '강화팔경江華八景' 중 하나로, 인천광역시가 1995년 유형문화재 제24호로 지정한 곳이다.

연미정은 정면 세 칸, 측면 두 칸의 팔작지붕 건물로 긴 주춧돌 위에 열 개의 기둥을 세운 정자다. 그런데 연미정이 강화팔경이 된 것은 이곳 정자에서 맞이하는 달맞이가 그야말로 '절경絶景'이기 때문이다. 연미정에서 바다를 보면 북의 개풍군도 볼 수 있지만, 한강과 임진강이 만나 강화도를 타고 도는 바다를 볼 수 있는 곳이기도 하다. 그래서 밤하늘 둥근 달이 떠서 이곳 바다를 비출 때, 바닷물의

연미정

출렁거림을 따라 춤추는 달빛이 너무나 은은하고 아름답다. 선조들은 이를 조망하기 위해 이곳에 정자를 지었다. 그리고 서해와 인천으로 흐르는 물길 모양이 마치 제비 꼬리와 같다 하여 '제비 연燕' 자에 '꼬리 미尾' 자를 써서 '연미정'이라 이름을 붙인 것이다.

연미정의 최초 건립 시기는 확실하지 않다. 그러나 고려 고종이 사립 교육기관인 구재九齋의 학생들을 이곳에 모아놓고 공부하도록 했다는 기록이 있다. 이후, 1510년 조선의 중종이 이곳 정자를 삼포왜란(제물포, 부산포, 염포의 삼포에 거주하고 있던 왜인들이 대마도주 종성친의 지원을 받아 일으킨 왜변) 때 공을 세운 황형黃

―
연미정에서도 북녘땅이 바라보인다.

衡(1459~1520)에게 하사하였고, 현재도 황씨 집안이 관리하고 있다. 지금의 연미정은 임진왜란, 병자호란과 한국전쟁까지 거치며 여러 번의 보수작업을 거친 것이다. 여기서 북은 2km 거리에 있다. 하지만 우리는 이곳 바다에 비친 달을 함께 감상할 수 없다. 연미정에서 본 달빛은 너무나 고요하고 평화로운데 말이다.

분단과 전쟁이 자연의 산물이 아니듯이, 통일과 평화도 자연스럽게 이루어질 수 없다. 그것은 이미 인간이 만들어낸 독점과 배타적인 적대의 산물이기 때문이다. 그렇기에 분단과 전쟁의 극복은 인간 스스로 독점적인 아집과 배타적인 적대에서 벗어나는 데서 시작할 것이다. 이는 서로의 차이를 나누고, 타자를 이해하기 위해 노력하는 소통 과정 없이는 결코 이루어질 수 없을 것이다.

황형과 연미정 느티나무의 재탄생

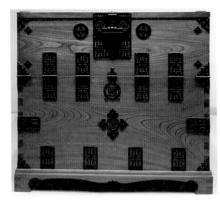

—
강화반닫이로 부활한
연미정 500년 느티나무(© 강화군청)

황형은 1480년(성종 11) 무과에 급제하고 이어 1486년 무과 중시에서 장원으로 급제하면서 본격적인 무관의 길을 걸었던 인물이다. 훈련원도정, 의주목사, 회령 부사, 함경도병마절도사, 평안도병마절도사를 역임한 것으로 보아, 주로 북방수 비에 복무한 것으로 보인다. 1510년(중종 5) 삼포왜란이 일어나자 방어사가 되어 제포薺浦에서 왜적을 크게 무찌르고 그곳 경상도병마절도사가 되었다. 그 뒤 도총 관·지훈련원사知訓鍊院事를 거쳐, 1512년 평안도 변방에서 야인이 반란을 일으키 자 순변사로 나가 이를 진압하였다. 이어서 평안도·함경북도의 병마절도사를 거 쳐, 공조판서에 이르렀다. 시호는 장무莊武이다. 그런 그에게 중종은 연미정을 하 사하였다. 황형은 느티나무 두 그루를 심었는데, 오늘날 그 수령이 500년에 이른다.

2000년 11월 23일 강화군 보호수 58호로 지정된 왼쪽의 나무는 높이 22m,

—
2019년 태풍 링링에 쓰러진 느티나무
(© 강화군청)

둘레 4.5m로 그 웅장함을 자랑했으나, 2019년 태풍 '링링' 앞에서 쓰러지고 말았다. 이에 강화군은 부러진 나무를 활용해 '강화반닫이' 작품으로 재탄생시켰다. '강화반닫이'는 반닫이 중 최고로 인정받는다고 한다. 총 2점으로 제작된 '강화반닫이' 중 1번은 강화역사박물관에서, 다른 1점은 강화소창체험관에 전시되었다.

04

유네스코
세계문화유산이 된
강화도의 고인돌과
역사의 기원

| 대산리 고인돌 − 하도리 아랫말 고인돌군 − 부근리 고인돌군 − 강화자연사박물관 − 강화역사박물관 − 교산리 고인돌군 − 강화 부근리 점골 고인돌 − 삼거리 고인돌군 − 고천리 고인돌군 − 오상리 고인돌군 − 강화 참성단

고려산 동쪽 봉우리에 있는 대산리 고인돌
평지에 있는 고인돌, 하도리 아랫말 고인돌군
거대한 무덤, 부근리 고인돌군
강화도의 자연사, 강화자연사박물관
강화도의 역사, 강화역사박물관
강화도 최북단에 있는 교산리 고인돌군
반수혈식 주거지와 함께, 부근리 점골 고인돌
성혈이 있는 삼거리 고인돌군
돌을 떼어낸 암벽이 있는 고천리 고인돌군
구석기부터 청동기까지, 오상리 고인돌군
단군이 하늘에 제사 지냈던 강화 참성단

_____ 언제부터 강화도에 사람들이 살기 시작했는지는 정확히 알 수 없다. 하지만 강화군 하점면 장정리, 화도면 사기리와 동막리 등에서 출토된 구석기시대 유물로 볼 때, 약 1만에서 1만 5,000년 전이었던 것으로 추정할 수 있다. 강화도 전역에서는 신석기, 청동기의 유물들이 출토되었지만, 그중에서도 강화도를 대표하는 유적은 청동기 유물인 고인돌이다.

_____ 한반도는 전 세계적으로도 고인돌 무덤이 가장 많이 발견되는 지역이다. 현재까지 남쪽에서 발굴된 것만 3만기에 이를 정도로, 숫자 면에서 단연 세계 제일이다. 강화도 내에만 무려 160여 기의 고인돌이 있으며, 이 가운데 유네스코(UNESCO) 세계문화유산으로 등재된 고인돌만 70여 기에 이른다. 그래서 강화도는 전남 화순, 전북 고창과 함께 한반도의 고인돌을 대표하는 3대 지역으로 알려져 있다.

_____ 일반적으로 사람들이 잘 인식하고 있지는 못하지만, DMZ 접경지역의 고인돌은 강원도 고성에서부터 여기 강화도까지 모든 지역에 걸쳐 존재한다. 하지만 고성, 양구, 화천, 철원 등에는 몇 기의 고인돌만 남아있다. 반면 연천과 강화도에는 비교적 다수가 살아남았다. 특히 DMZ 접경지역 중 강화도의 고인돌은 유네스코 세계문화유산으로 등재될 정도로 그 가치를 인정받고 있다.

_____ 강화도의 고인돌은 해발 436m인 고려산高麗山을 끼고 그 주변이나 산 중턱에 주로 분포한다. 다른 지역과 달리 강화도의 고인돌은 매우 많기 때문에 처음에는 신기해 보이지만 보다가 보면 나중에는 그게 그것 같고, 오히려 싫증이 나기도 한다. 하지만 고인돌이 남아 있는 지역의 독특성을 고려하면서 서로 비교해 가면서 보면 그 나름의 재미가 있다.

고려산 동쪽 봉우리에 있는
대산리 고인돌

강화대교를 건너 강화읍으로 들어가면 가장 먼저 만나는 것이 강화 대산리 고인돌이다. 강화 대산리 고인돌은 강화대교를 건너 강화읍 '고려궁지高麗宮址'를 지나 강화읍성江華邑城 북문 밖, 고개 왼쪽 내리막길에 있다. 고려산의 동쪽 봉우리인 북산 능선의 맨 마지막 자락에 자리 잡은 대신리 고인돌은 해발 약 20m 능선위에 있다. 그렇기에 대산리 고인돌은 고려산 주변에 산재하는 강화도 고인돌의 특성을 잘 보여준다.

이곳의 고인돌은 흙과 자갈로 돋우고, 그 위에 받침돌을 세운 뒤 덮개돌을 올린 탁자식 고인돌이다. 덮개돌의 크기는 길이 3.68m, 너비 2.6m이다. 고인돌은 그 지역에서 정치 권력이나 경제 권력을 장악하고 있었던 지배층이 죽은 후 묻힌 것이다. 대부분 덮개돌은 여러 사람의 힘을 합칠 때에만 움직일 수 있을 정도로 크다. 그렇기에 덮개돌의 크기는 그 지역에 살았던 무리의 규모 및 권력자의 힘을 보여주는 지표이기도 하다.

—
대산리 고인돌(© 강화군청)

평지에 있는 고인돌,
하도리 아랫말 고인돌군

대산리 고인돌군에서 나와 강화자연사박물관과 강화역사박물관 쪽으로 더 가다 보면 '하도리 아랫말 고인돌군'이 나온다. 하도리 아랫말 고인돌군은 강화도 내가면 오상리 고려산 동쪽 산기슭 아래 자락에 자리 잡은 5기의 고인돌을 가리킨다. 이곳의 고인돌은 강화군의 다른 고인돌과 달리 매우 드물게 평지에 자리를 잡고 있다.

특히, 하도리 아랫말 고인돌군은 강화도에 있는 고인돌 중에서도 가장 먼저 알려진 고인돌이다. 일제강점기 당시 처음 발표된 고인돌에는 두 개의 장축長軸 고임돌과 서북쪽 마감돌이 있다는 기록이 있다. 그러나 지금은 덮개돌이 없어지고 다수가 훼손되어 원형을 알기는 어렵다.

원형이 남아 있는 제1호 고인돌은 탁자식 고인돌로, 덮개돌은 길이 2.62m, 너비 1.95m, 두께 0.65m이다. 1호 고인돌 주변에 네 기가 분포하고 있으며, 모두 개석식 고인돌로 추정하고 있다. 또한, 고인돌의 소재는 주로 그 지역에 존재하는 암석을 사용하기 때문에 하도리 아랫말 고인돌도 이 지역에서 많이 출토되는 화

하도리 아랫말 고인돌군

강편마암花崗片麻巖을 소재로 하고 있다.

거대한 무덤,
부근리 고인돌군

하도리 아랫말 고인돌군을 빠져나와 강화자연사박물관과 강화역사박물관으로 들어서면 박물관 바로 앞에 매우 넓게 조성된 고인돌 공원이 나온다. 그중에서도 중앙에 있는 고인돌은 단연 크기에 있어서 다른 고인돌을 압도한다. 이 고인돌은 한반도의 고인돌을 대표하는 고인돌로, 해외에 한국을 알리는 고인돌 사진에 가장 많이 등장한다.

현재 이 고인돌은 비스듬하게 서 있는 두 개의 고임돌 위에 거대한 덮개돌이 올라서 있는 형태를 하고 있다. 하지만 무덤방 위에 세운 고임돌은 원래 네 개였으나 현재 두 개가 분실된 상태다. 이 고인돌의 전체 높이는 2.6m, 덮개돌은 길이 6.5m, 너비 5.2m, 두께 1.2m이며 무게는 약 80t에 이를 것으로 추정된다.

고인돌의 크기만이 아니라 무게는 그 지역에 거주한 집단의 크기 및 권력자의 힘을 우회적으로 보여준다. 만일 이 정도의 크기를 가진 고인돌을 만들려면 약 500명에서 800여 명 정도의 어른들을 동원하였을 것으로 추정하고 있다. 그렇다면 당시 이 지역에 산 사람들의 인구수는, 4인 가구 기준으로 보았을 때, 4×500=2,000여 명이 살았다는 것으로 추산해 볼 수 있다.

또한, 무덤 공사에 이 정도의 인원을 동원했다면 무덤의 주인은 분명히 그만한 권력을 가진 자라고 할 수 있다. 하지만 이 초대형 고인돌은 원래 이곳에 있었던 것이 아니다. 원래 부근리에 있었으나 이곳으로 옮겨놓은 것이다. 부근리에는 모두 16기의 고인돌이 있었다. 이들 고인돌은 해발 50m 내외의 낮은 구릉과 평

강화역사박물관 앞에 있는 거대한 부근리 고인돌군

지에 흩어져 있었다.

평지에는 사적 137호로 지정된 고인돌과 탁자식 고인돌의 고임돌로 추정되는 석재 하나가 세워져 있다. 북동쪽으로 약 300m 떨어진 솔밭에는 덮개돌 밑에 고임돌이 없는 개석식 고인돌 3기가 있다. 또한, 동쪽 낮은 구릉에는 탁자식 고인돌 4기와 개석식 고인돌 4기가 있다.

강화도의 자연사,
강화자연사박물관

강화도의 고인돌은 고려산 북쪽에 100여 기의 고인돌이 분포할 정도로, 이곳에 집중되어 있다. 이는 이미 선사시대부터 이곳에 살았던 집단이 매우 크게 번창했음을 의미한다. 먼 옛날 선사시대 사람들은 이곳저곳을 떠돌다가 살기 좋은 곳을 발견하면 그곳에 정착했을 것이다. 강화도를 찾아든 선사시대 사람들도 마찬가지였을 것이다. 그렇기에 부근리 고인돌군이 발견된 이곳에 고인돌 공원과 함

강화자연사박물관 전경   강화역사박물관 전경

께 강화자연사박물관과 강화역사박물관을 세운 것은 매우 적절해 보인다.

　강화자연사박물관 맞은편에는 강화역사박물관이 있다. 현대인들은 자신을 자연의 지배자로 생각하지만 사실 자연의 산물이자 자연 생태계 일부일 뿐이다. 인간은 기록과 상징, 전승 등을 통해 자신의 기억을 후대까지 남긴다. 우리는 이런 과거의 기억을 담고 있는 자취를 역사歷史라고 한다. 하지만 역사도 엄밀하게 이야기하면 '자연사自然史'의 일부일 뿐이다.

　자연의 역사는 최초의 유기물인 박테리아의 탄생에서 생물 종의 진화를 거쳐 인간이라는 생명체를 생산하였고, 우리는 그 자연생태계 속에서 역사를 만들어왔다. 강화자연사박물관은 역사 이전, 인간 탄생까지의 여정과 우리가 살아가는 삶의 터전인 자연생태계의 순환성을 보여준다. 반면, 강화역사박물관은 강화에서 출토된 유물들을 중심으로 하여 선사시대부터 근현대까지 강화도의 역사와 문화를 보여준다.

　강화자연사박물관 로비를 들어서면 가장 먼저 눈에 들어오는 것은 매우 거대한 크기의 뼈 표본이다. 이 뼈는 향유고래의 골격으로, 2009년 강화군 서도면 볼음도에서 발견된 것이다. 발견 당시 고래의 크기는 14.5m, 무게는 20t에 이를 정

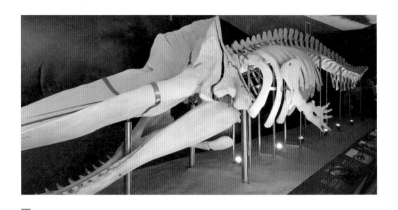

강화자연사박물관 로비의 향유고래 뼈 표본

도로 컸다. 국내에서 발견된 고래로는 최대 규모이다. 강화군은 이를 입수하여 6년 동안, 해체 및 건조 과정을 거쳐 전체 골격을 맞추고, 여기에 전시했다. 향유고래는 저 깊숙한 심해까지 내려가 대왕오징어를 사냥하는 것으로 알려져 있다. 태평양 바다를 누비고 다녔을 향유고래를 상상해 보니 자연의 위대함에 절로 고개가 숙여진다.

지하 1층, 지상 2층의 강화자연사박물관은 총 9개의 전시실로 구성되어 있다. 1층 전시실은 모든 지구 생명의 근원인 '태양계의 탄생'에서 시작한다. 이후, '다양한 생물로 가득한 지구'와 '환경에 적응하는 생물', '인류의 진화'까지 자연사와 인간사 전체를 보여준다. 이어 2층 전시실은 '생태계와 먹이그물', '종과 집단을 유지하는 번식', '위장과 모방'이라는 생태계 일반에 대한 설명으로부터 시작하여 '강화갯벌'과 '생물의 이동' 등을 테마로 하여 강화도의 독특한 생태 환경을 소개하고 있다.

한반도의 갯벌은 세계적으로도 유명하다. 특히, 남도의 갯벌은 입자가 미세하

강화자연사박물관 내부 전시 모습들

고 유기물이 풍부해서 다양한 생물종生物種이 살아가는 터전이다. 하지만 강화도의 갯벌 역시 물이 다 빠진 썰물 때, 총면적이 7,660ha인 1억4,000만 평에 이를 정도로 광활하다. 그래서 강화도의 갯벌은 우리나라 전체 갯벌 면적의 17%를 차지하며, 세계 5대 갯벌 중 하나로 꼽힌다. 민물장어 중 유명한 풍천장어는 바로 이와 같은 민물과 바닷물이 만나 형성된 갯벌에 사는 뱀장어로, 강화도와 김포는 풍천장어의 주요 산지 중 하나이기도 하다.

강화도의 역사,
강화역사박물관

강화역사박물관은 총 2층으로 구성되어 있다. 강화도의 역사는 시간 순서상 1층에서 시작해서 2층으로 올라가는 자연사박물관과 달리, 2층에서 시작해 1층으로 내려오는 방식을 취하고 있다. 2층 '고인돌의 땅 강화'는 '신나는 청동기시대 탐험', '강화의 열린 바닷길 이야기'를 거쳐 1층 '통일신라', '고려 강화', '조선·근대 강화', '삶과 민속품'이라는 주제로 이어진다. 특히, 이곳 강화역사박물관은 다양한 체험과 놀이를 함께 할 수 있도록 해놓아 사람들의 발길을 잡는다.

하지만 이 중에서도 압권은 2층에서 보는 강화도에서 출토된 각종 유물들과 함께 외세의 침략에 맞선 투쟁의 역사를 보여주는 곳들이다. 특히, 주목해서 보아야 할 것은 1층 로비의 '강화동종江華銅鐘'과 '선두포축언시말비船頭浦築堰始末碑'이다. 강화동종은 1711년 정족산성을 지금과 같은 형태로 축성할 때, 강화 성문을 여닫는 시간을 알리기 위해 만든 종이다. 하지만 이 종은 병인양요 당시 프랑스군이 가져가기 위해 갑곶으로 옮겼다가 조선군의 추격 때문에 버리고 간 아픈 역사를 갖고 있다.

강화동종 옆에 있는 '선두포축언시말비'는 1706년에 무려 11만 명이 동원된 선두포 제방 공사 과정을 기록한 비석이다. 이 비석은 강화도의 간척 역사가 몽골의 침입으로, 도읍을 옮겨온 고려 조정이 식량부족을 타개하기 위해 농토를 개

—
강화역사박물관 범종

—
선두포축언시말비

간함으로써 시작되었다는 것을 보여준다. 그 외에도 1층 '고려 강화' 코너에서는 1236년부터 1251년까지 16년간 진행된 팔만대장경八萬大藏經의 제작 과정을 볼 수 있다.

강화도 최북단에 있는
교산리 고인돌군

강화역사박물관을 나와 북서쪽으로 좀 더 들어가면 교산리 고인돌군이 나온다. 교산리 고인돌군은 강화도 교산리에 있는 해발 340m인 별립산例立山 북쪽 구릉에 자리 잡은 11기의 고인돌이다. 이 고인돌군은 강화도 있는 고인돌 중에는 제일 북쪽에 있는 고인돌군으로, 인적이 드문 야산에 있어서 사람의 손을 덜 타서 보존 상태가 양호하다. 교산리 고인돌군에는 부근리 고인돌군처럼 탁자식 고인돌과 개석식 고인돌이 섞여 있다.

고인돌은 커다란 돌을 작은 돌들이 받치고 있다. 고인돌이라는 이름은 이처럼 '돌을 고이고 있다'라는 의미에서 붙여진 이름이다. 커다란 돌을 고이기 위해서는

—
교산리 고인돌

큰 돌을 암석에서 떼어내 이곳으로 운반을 해 온 다음, 밑에 작은 돌들을 괴인 후 그 위에 올려놓아야 한다. 아마도 '무덤방'을 만들고 사방으로 받침돌을 세우고 흙을 채우고, 그 위로 옮겨온 큰 돌을 올린 다음, 다시 흙을 제거한 것으로 보인다.

지금의 기술이라면 이 정도는 아무것도 아닐 것이다. 하지만 과거 청동기인들은 오직 인간의 힘만을 사용해 만들었다. 따라서 하나의 고인돌이 아니라 여러 개의 고인돌이 있었다는 것은 일정한 규모에 이른 집단공동체가 존재하였으며, 한 세대가 아니라 여러 세대에 걸쳐 이어진 공동체, 즉 정치·경제, 사회적인 구조를 갖춘 공동체가 있었음을 의미한다.

반수혈식 주거지와 함께,
부근리 점골 고인돌

교산리 고인돌군에서 다시 동남쪽 부근리로 내려오면 형태가 잘 보존된 탁자식 고인돌을 만날 수 있다. 원래는 받침돌이 무너졌으나 2009년 국립문화재연구소가 발굴조사를 하면서 원형을 복원해 놓았다. '부근리 점골고인돌'은 강화군 하점면 부근리 점골에 있어서 붙은 이름이다. 고려산 북쪽에서 내려오는 능선의 끝자락인 해발 15m 지점에 자리를 잡고 있다.

그런데 이곳에서는 이 고인돌 무덤만 출토된 것이 아니다. 1966년, 이곳에서 북쪽으로 약 70m를 올라간 지점에서 청동기시대의 집터가 발굴되었다. 발굴 당시에는 동쪽 벽면 중 약 2.5m가, 남쪽 벽면 중 약 1.6m 정도가 남아 있었다. 하지만 지금은 대부분 무너져 형태만 짐작할 뿐, 전체적인 윤곽을 알 수는 없다.

청동기시대에는 일반적인 수혈 주거지와 달리 독특한 형태의 주거지가 발전했다. 그것이 바로 '반수혈식半竪穴式' 주거지다. 수혈 주거지는 일정한 깊이로 구

부근리 점돌 고인돌

덩이를 파고. 그 아래 바닥을 평평하게 만든 주거지를 가리킨다. 반수혈식 주거지는 이런 구덩이를 파는데, 구릉의 경사지를 활용해서 만든 것이다. 경사가 졌기 때문에 평지보다 구멍을 파기 쉬웠을 것이다. 게다가 이곳 벽면 아래에서는 일렬로 작은 기둥을 세웠던 기둥 구멍柱孔과 각형토기角形土器 등도 발견되었다.

성혈이 있는
삼거리 고인돌군

강화도 북쪽에서 남쪽으로 계속해서 내려오다 보면 강화도 하점면 삼거리에서 탁자식 고인돌 무덤 9기를 만날 수 있다. 강화 삼거리 고인돌군은 송해면과 하점면 경계 지점을 지나 부근리–망월간 도로의 중간지점에 진촌마을이 있다. 고려산을 기준으로 본다면, 이 산의 북서쪽 능선에 해당한다. 이곳의 고인돌 대부분은 무너져 내렸지만 독특하게 이곳의 덮개돌 중에는 구멍이 뚫려 있는 것들이 있다.

구멍의 크기와 개수는 각양각색이다. 남쪽에서는 이 구멍을 '성혈性穴'로 해석하는 것이 일반적이다. 하지만 북쪽에서는 이 구멍을 별자리와 연관해서 해석하

—
하늘에서 내려다 본 삼거리 고인돌군의 위치(ⓒ 강화군청)

—
여기저기 흩어진 채 눈에 젖은 삼거리 고인돌

는 경향이 강하다. 성혈은 선사시대 신앙을 표현하는 상징물 중 하나로, '성性'과 '구멍穴'이라는 이름이 보여주듯이 태양, 알, 여성 성기 등을 상징화한 것이다. 이런 점에서 보면 성혈은 일종의 모방신앙이 낳은 것이기도 하다.

성혈을 만들기 위해 사람들은 돌 표면을 쪼아서 형태를 잡은 다음, 회전마찰을 통해서 구멍을 내었을 것이다. 즉, 이런 성혈을 만드는 과정을 '구멍-여성의 성기-마찰-생산'이라는 남녀 간의 성행위나 생식 과정에 전이시키거나 '구멍-알-곡식 생산'이라는 농경 활동에 전이시킴으로써 '성혈'을 '종족의 번식'과 '생산의 풍요'를 비는 신앙적 행위로 승화시켰던 것이다.

돌을 떼어낸 암벽이 있는
고천리 고인돌군

삼거리 고인돌군에서 남쪽으로 더 내려오면 고천리 고인돌군이 나온다. 강화도 고천리에 있어서 고천리 고인돌군이다. 이들 고인돌은 모두 18기였던 것으로 보인다. 그 숫자 면에서 본다면 강화도 안에서 가장 많은 고인돌이 모여 있는 곳이다. 하지만 대부분의 고인돌은 훼손되었으며, 원형을 유지하고 있는 것은 네 개의 받침돌을 가진 탁자식 고인돌 1기뿐이다.

어쨌든 고인돌이 18기나 된다는 것은, 이 지역에 꽤 큰 세력을 가진 집단이 존재했음을 시사한다. 특히, 이곳은 고려산의 8부 능선에 해당하는 곳으로, 한반도에 존재하는 다른 고인돌 무덤군에 비해서도 상대적으로 높은 고지에 있다는 점에서도 유별나다.

게다가 고천리 고인돌군 가까이에 있는 암벽에서 덮개돌로 사용하기 위해 돌을 떼어낸 흔적들이 발견되었다. 이는 고인돌 축조과정을 밝히는 데 중요한 단서가 될 수 있어서 학계의 주목을 받았다. 이곳 이외에 암벽으로부터 판석을 잘라낸 흔적을

—
고천리 고인돌군

발견할 수 있는 곳으로 전남 화순 고인돌 유적지 옆에 있는 채석장이 있다.

구석기부터 청동기까지,
오상리 고인돌군

고천리 고인돌군에서 빠져나와 강화도 남서쪽 내가면 오상리로 가면 모두 12기의 탁자식 고인돌을 만날 수 있다. '오상리 고인돌군'이다. 이들 고인돌은 고려산 서쪽 낙조봉 자락에 있다. 오상리 고인돌군의 덮개돌은 부분적으로 손질한 흔적이 있으며, 모두 암벽이나 바위에서 떼어낸 평면 형태의 판돌형板石形 모양을 하고 있다. 무덤방 바닥은 맨바닥을 사용하기도 하였으나 1, 4, 9호 고인돌에서는 판돌이나 깬돌이 깔려있었다고 한다.

특히, 이 중에서도 오상리 1호 고인돌 무덤은 원형이 가장 잘 보존되어 있을 뿐만 아니라 탁자식 고인돌의 전형적인 형태까지 잘 보여주고 있다. 오상리 1호 고인돌은 'ㅍ'자 형태의 무덤방을 중심으로 하여 고임돌에 쐐기를 박아 바로 세웠

오상리 고인돌군

다. 그리고 마감돌로 무덤방을 막고 시신을 넣고 덮개돌을 덮은 다음, 주변에 있는 돌을 쌓은 적석積石 또는 포석鋪石의 방식을 사용하고 있다.

이런 무덤 양식은 경기도와 강원도 서북부에서 시작하여 황해도와 평안남북도를 거쳐 요동반도 일대까지 존재한다고 한다. 따라서 이들 지역의 분포는 당시 특정 집단의 분포 및 이동 경로를 보여주는 것으로 해석되기도 하다. 게다가 고인돌 무덤이 분포하고 있는 능선 위 부식 암반층 위에서는 구석기시대의 것으로 보이는 석영石英으로 만든 구형석기球形石器가 발굴되었을 뿐만 아니라 빗살무늬토기 조각들, 돌칼, 돌화살촉, 돌검, 돌도끼 등 구석기부터 청동기까지의 다양한 유물이 출토되었다.

단군이 하늘에 제사 지냈던
강화 참성단

강화도에서 만나는 고대 문명의 최고봉은 '단군檀君'의 흔적이다. 비록 신화의 형태이지만 단군왕검은 기원전 2333년 한반도 역사상 최초의 국가인 고조선古朝鮮을 건국한 존재로 알려져 있다. 처음 사서에 등장할 때, 나라의 명칭은 '조선朝鮮'이라 하였다. 고조선이란 명칭은 『삼국유사』에서 처음 사용하였다. 이때 고조선[왕검조선王儉朝鮮]이라는 명칭은 기자조선箕子朝鮮이나 위만조선衛滿朝鮮과 구분하기 위해서 붙여진 것이다. 그 뒤, 『제왕운기』에서는 단군조선을 '전조선前朝鮮', 기자조선을 '후조선後朝鮮'이라 하기도 했다.

고조선은 청동기시대에 속하는 국가다. 강화도에 존재하는 다양한 고인돌군들이 보여주듯이 특정 집단이 자리를 잡으면서 씨족의 규모를 키웠고, 그들은 점차 흡수 통합되면서 고대 부족국가가 되었을 것이다. 고조선은 그런 국가 중 하나

참성단 근경(© 문화재청)

였을 것이다.

고조선에는 단군조선, 기자조선, 위만조선과 관련된 여러 논란이 있지만, 도읍지를 포함한 중심지에 대한 논란도 있다. 한반도 최북단의 요동중심설遼東中心說에서부터 시작하여 대동강중심설大同江中心說, 이동설移動說 등이 그러하다. 그런데 평양보다 한참 아래인 이곳 강화도에 단군의 유적이 있다니 놀랍다.

강화도 남단 해발 472m인 마니산摩利山 정상에는 단군이 하늘에 제사를 지냈다는 '참성단塹星壇'이 있다. 『고려사高麗史』에 따르면 '산 정상에 참성단이 있는데 단군의 제천단이라고 전해온다'라고 기록되어 있다. '제천단祭天壇'은 말 그대로, 하늘에 제사를 지내는 '제단'을 일컫는다.

참성단은 경주의 첨성대瞻星臺처럼 바닥을 둥글게 만든 다음, 그 위에 네모 모양의 단을 쌓아 올려 만든 '하원상방형下圓上方形'의 제단이다. 여기서 '하원', 아래의 둥근 원圓 모양은 하늘을, '상방', 위의 네모 모양의 방方은 땅을 상징한다. 하늘과 땅은 각각의 음양陰陽을 대표하며, 하늘에서 내린 비가 땅의 식물들을 양육하듯이 서로 어울려 만물을 낳는다. 따라서 하늘에 기초하여 땅을 세운 것처럼 제단도 같은 원리를 따랐다.

참성단(© 문화재청) 아래는 원형, 위는 사각형으로, 하원상방형의 구조를 잘 보여주고 있다.

즉, 옛 선조들은 이 제단에서 천지간의 조화와 교통을 통해서 땅에 사는 인간들의 길흉화복을 주재하고, 세상을 다스리는 하늘신을 향해 제사를 올림으로써 무사 안녕과 풍요로운 한 해를 기원했던 것이다. 그래서였을까? 강화도는 한반도 중부 서쪽 끝에 존재하는 섬이지만 한반도 역사에서 줄곧 외세와 관련해 성지聖地의 역할을 해 왔다.

단군신화는 몽골의 지배를 받고 원나라 공주와 처음으로 결혼했던 고려 충렬왕忠烈王(1236~1308) 때 지은 『삼국유사』와 『제왕운기』에 처음 수록되었다. 이들 책은 모두 단군을 천제天帝 환인桓因의 손자이자 환웅桓雄의 아들로 서술한다. 하지만 『제왕운기』에서는 우리가 현재 알고 있는 것처럼 곰이 인간으로 변해[웅녀] 환웅과의 사이에서 단군을 낳은 것으로 그려지지 않고 있다. 『제왕운기』에서는 환웅이 손녀에게 약을 먹여 사람이 되게 한 이후, 단수신과 혼인시켜 단군을 낳은 것으로 기록하고 있다.

단군신화가 한반도에 살았던 사람들의 최초 건국신화가 된 것은, 자신들의 존재 자체를 세상의 최고 존재인 천제天帝로부터 찾고자 하는 데서 시작되었을 것이다. 이들은 종족의 자부심을 극대화하고 자신들의 존재 자체를 특별하게 만들고 싶었으리라. 그렇기에 우리는 우리들의 선조로서 그들을 특별하게 여기는 유대감 속에서 이 신화에 의미를 부여하고, 비록 그것이 신화임에도 불구하고 그들과 우리를 연결하는 민족서사로, 이를 반복하고 있는 것인지도 모른다.

고인돌 감상하기: 고인돌의 구조와 종류

대한민국은 고인돌의 나라다. 한반도만큼 고인돌이 많이 발견되는 지역은 없다. 이 중에서도 강화도의 고인돌 유적지와 더불어 한반도 남쪽 전남 화순과 전북 고창의 고인돌 유적지가 대표적이다.

화순의 고인돌 유적지는 화순군 도곡면 효산리와 춘양면 대신리 약 10km에 걸쳐 계곡을 따라 자리를 잡고 있다. 분포 면적으로만 보았을 때, 국내 최대 규모다. 하지만 개수로 보았을 때의 최대 규모는 전북 고창이다. 이곳에는 1,550여 개의 고인돌이 있다. 화순의 고인돌은 총 596기이니, 이보다 세 배 정도 많은 양이다. 분포범위가 좁으면서도 숫자가 많아, 약 1.8km의 공간에 400기가 넘는 고인돌이 있을 정도로 밀집해 있다.

하지만 고인돌을 제대로 감상하기 위해서는 약간의 노력이 필요하다. 고인돌이 무엇이며 어떤 종류가 있는지를 알고 있어야 제대로 볼 수 있기 때문이다. 고인돌은 무덤으로, 시신을 안치하는 '무덤방墓室'을 중심으로 하여, 그 위에 '덮개돌

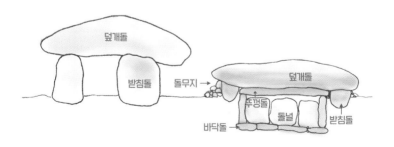

—
고인돌의 구조

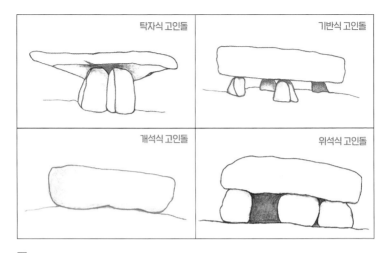

—
고인돌의 종류

蓋石'을 올린 것이다.

이전에는 '북방식'이니, '남방식'이니 하면서 나누고, '지석묘'와 같은 한자를 썼지만, 현재는 무덤방과 덮개돌을 연결하는 방식에 따라 다음의 그림과 같이 분류하는 것이 일반적이다.

첫째 유형은 무덤방을 중심으로 네 개의 받침돌을 놓고, 그 위에 덮개돌을 올린 '탁자식 고인돌'이 있으며, 둘째 유형은 땅속에 돌로 된 무덤방을 만들고, 그 위에 작은 받침돌을 놓은 뒤 덮개돌을 올린 '바둑판식 고인돌'이 있다. 셋째 유형은 바둑판식과 비슷하나 받침돌 없이 바로 덮개돌을 덮는 '개석식蓋石式 고인돌'이 있으며, 넷째 유형은 무덤방이 지상地上에 올라와 있고, 여러 개의 판석이 덮개돌 가장자리를 돌아가며 세운 '위석식圍石式 고인돌'이 있다.

강화도에서 만나는 고인돌들은 탁자식 고인돌이 많다. 대산리 고인돌, 부근리 점골고인돌, 삼거리 고인돌군, 고천리 고인돌, 오상리 고인돌군이 그러하다. 그 외 나머지는 탁자식과 개석식이 섞여 있다. 고인돌의 구조와 형태를 구분해보는 것도 고인돌을 감상하는 재미를 느끼는 방식 중 하나다.

팔만대장경과 강화역사박물관

강화역사박물관에 팔만대장경을 제작하는 과정을 재현해 놓은 것을 보고 뜬금없어하는 사람들도 있을 것이다. 하지만 오늘날 합천 해인사에 있는 팔만대장경이 바로 이곳 강화에서 만들어진 것이라는 사실을 알게 되면 이는 너무나 당연해 보일 것이다. 몽골의 침략으로 수난을 겪은 고려 왕실은 불심을 이용해 국난을 극복하고자 하였다.

　'대장경大藏經'은 '큰 그릇'이라는 뜻으로, 불교의 가르침을 담고 있는 문헌들을 통칭하는 한자어다. 불교의 문헌은 경經(Sūtra), 율律(Vinaya), 론論(Abhidharma)으로 구성된 삼장三藏뿐만 아니라, 그에 대한 주석 및 불교 문화권에서 찬술된 문헌 등을 포함한다. 당시 완성된 팔만대장경은 약 8만1,258매에 이르며, 한 면에 약 23행 14자씩을 새겼다. 전체 글자 수는 5,000만 자에 달할 정도다.

　1232년 고려의 고종은 몽골의 침략을 피해 강화도로 수도를 옮긴 이후, 1236년 화엄종 승려였던 천기天其와 수기守其에게 경전 수집과 교정책임을 맡기는 한편, 강화도 선원사禪源寺에는 대장도감大藏都監을, 남해南海에는 분사도감分司都監을 설치하여 조판을 담당하게 하였다. 그로부터 15년 후인 고종 38년, 1251년에 마침내 대장경이 완성되었다.

　팔만대장경판이 해인사로 옮겨진 시기나 경로에 대해서는 여러 가지 설이 분분하다. 하지만 현재까지 가장 유력한 설은 강화도에서 147년 동안 보관되다가

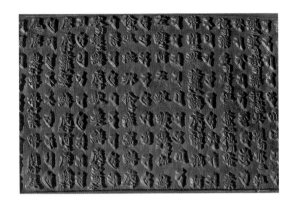

合川 해인사 대장경판 경판(© 문화재청) 글씨가 매우 아름답고 선명하다.

1399년경에 해인사로 옮겨졌다는 주장이다. 조선왕조실록에서 그 근거를 찾을 수 있다.

『태조실록』14권, 태조 7년(1398) 5월 10일 기사에는 "대장경 목판을 강화 선원사에서 운반하여 왔으므로 임금이 용산강(한강 전체 물길 중에서 서울을 끼고 도는 부분을 경강京江이라 불렀다. 경강은 18세기 이전까지 3강으로 불리었다. 한강, 용산강, 서강이 한양의 기본 3강이었다. 남산 남쪽 한남대교 근처에서 노량진까지를 한강, 그 서쪽에서 마포까지를 용산강, 마포 서쪽에서 양화진까지를 서강이라 불렀다)에 거둥하다"라고 기록하고 있다. 이어 12일 기사에는 "대장경 목판을 지천사(오늘날 서울특별시 중구 태평로 일대에 있었던 사찰)로 운반하는데 군사 2천 명을 동원하다"라고 적고 있다. 또한, 『정종실록』1권, 정종 1년 1월 9일 기사에는 "경상도 감사에게 명하여 불경을 해인사에서 인쇄하는 승도에게 공궤하게 하다"라고 쓰여 있는 것으로 보아 팔만대장경은 이듬해인 1399년(정종 1년) 1월까지는 해인사에 도착해 있었던 것으로 보인다.

　　현재 팔만대장경 경판은 국보 32호이자 2007년 유네스코 세계기록유산으로 등재되어 있다. 또한, 경판을 보관하고 있는 해인사 장경판전은 국보 52호이자 1995년 유네스코 세계문화유산으로 등재되어 있다. 그러나 이런 간곡한 불심佛心에도 불구하고, 조선은 임진왜란과 병자호란을 겪었고, 끝내 일제 강점의 치욕을 피할 수 없었다.

　　근대 개항기, 병인양요를 일으킨 프랑스군은 외규장각에 있었던 조선 왕조 의궤와 고서를 약탈하였고, 신미양요를 일으킨 미군은 어재연 장군의 수자기帥字旗를 전리품으로 가져갔다. 수자기는 그로부터 136년이 지난 2007년에 고국으로 돌아왔고, 외규장각의 조선 왕조 의궤는 145년 후인 2011년에야 고국 땅을 밟을 수 있었다.

05

중생의 마음을 담아
삼라만상에 깃든
부처의 형상

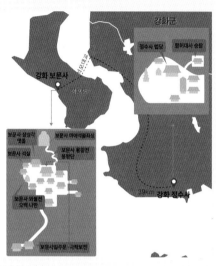

강화 보문사, 전국 3대 관음성지
보문사 일주문·범종·향나무, 부처의 세계로
보문사 오백나한과 와불전, 각기 다른 모습의 부처들
보문사 석굴, 설화에 얽힌 중생구제의 염원
보문사 삼성각과 맷돌, 민간신앙 및 도교와 결합한 불교
보문사 극락보전, 아미타삼존의 대승보살도
보문사 용왕전과 용왕단, 석모도 바다의 부처
보문사마애석불좌상, 바위에 새긴 부처
강화 정수사 법당, 물 맑은 절의 아름다운 전각들

_____ 강화도는 예로부터 한반도 중부 내륙으로 진입하거나, 반대로 서쪽의 바다를 거쳐 넓은 대륙으로 나아가는 관문이었다. 외국 문물이 강화도를 거쳐 인천과 서울로 들어가거나, 한반도 내륙 문물이 이곳을 거쳐 중국과 동남아시아, 인도 쪽으로 건너갔다. 특히, 종교의 진입과 수용에 있어서 강화도는 첫 번째 관문이었다.

_____ 오늘날까지 강화도에 남아 있는 오래된 교회들과 성당들이 그 증거다. 하지만 강화도에는 교회와 성당 같은 서구 종교의 자취만 있는 것은 아니다. 불교 역시 강화도를 거쳐 전래하였다는 것을 보여주는 오래된 사찰들이 곳곳에 존재한다. 강화의 3대 사찰이라고 불리는 보문사普門寺, 정수사淨水寺, 전등사傳燈寺가 그들이다.

_____ 사찰은 모두 그 고유의 역사와 의미를 담고 있으며 바로 그렇기에 사찰에 모셔져 있는 부처의 모습도 저마다 다르다. 사찰 내 각 건물과 조각품들 역시 그곳의 역사뿐만 아니라 중생들에게 설파하고자 하는 의미들을 시각적으로 구현하고 있다. 강화의 3대 사찰에서는 구원, 해탈과 깨달음, 극락왕생을 위한 간절한 소망이 담긴 생활 속의 부처들을 만나 볼 수 있다.

강화 보문사,
전국 3대 관음성지

국내에는 전국적으로 유명한 3대 관음성지觀音聖地가 있다. 관음성지는 불교의 여러 부처 중에서도 관세음보살을 본존으로 모시는 사찰이다. 그러나 실제 통용되는 의미는 소원을 빌면 그 소원이 잘 이루어지는 영험한 장소로 더 많이 사용되고 있다. 동쪽의 강원도 양양군 낙산사 홍련암紅蓮庵, 남쪽의 경상남도 남해군 보리암菩提庵, 그리고 서쪽의 강화 석모도席毛島 낙가산 보문사普門寺가 전국 3대 관음성지로 불리는 곳이다. 그래서 강화도 3대 사찰을 둘러보는 길은 전국 3대 관음성지에 속하는 보문사로부터 시작하는 것이 좋을 듯싶다.

얼마 전까지만 하더라도 석모도로 가기 위해서는 강화 내가면 외포리 선착장에서 10분 정도 배를 타고 건너편 삼산면 석포리 선착장으로 건너가야만 했다. 하지만 지금은 굳이 그럴 필요가 없다. 강화도와 석모도를 잇는 석모대교가 완공되었기 때문이다. 차를 타고 석모대교를 건너 약 15분 정도 해안가 길을 가다 보면 우뚝 솟은 산과 그 산에 폭 담긴 보문사를 만날 수 있다.

기록에 의하면 보문사의 역사는 1,400여 년에 이른다고 알려져 있다. 635년 회정대사懷正大師(?~?)가 석모도 가운데에 솟은 해발 235m인 낙가산洛迦山 중턱에 만들었다고 전해진다. 하지만 이외에 19세기까지 남아 있는 역사적 기록들은 거의 없다. 그런데도 강화도 본토의 부속 섬인 석모도에 있는 보문사는 강화를 대표하는 3대 사찰, 나아가 전국의 '관음성지'를 대표하는 사찰이 되었다. 이것은 보문사가 석굴사원石窟寺院으로, 22명의 부처를 모신, 한반도의 다른 곳에서 볼 수 없는 독특한 형태를 갖춘 사찰이기 때문으로 보인다.

보문사 일주문·범종·향나무,
부처의 세계로

　　보문사 궐내에 있는 석굴사원을 가기 위해서는 낙가산 중턱을 올라야 한다. 산을 향해 오르면 가장 먼저 만나는 것이 일주문－柱門이다. 일주문은 문밖의 세속과 부처의 세계를 나누는 문이다. 일주는 속세의 탐욕을 벗어나 '일심－心'으로 정진해서 성불하는 뜻을 담고 있다. 보문사의 일주문은 네 개의 기둥 위에 팔작지붕을 올려 멋스러움을 더했다. 거기에다 현판에 쓴 '낙가산 보문사洛迦山普門寺'라는 글씨가 매우 돋보인다. 한국의 근현대의 서예를 대표하는 여초 김응현이 쓴 글씨다.

　　일주문을 지나 본당 쪽으로 들어가면 범종각이 나온다. 본당은 절에서 시간을 알리거나 대중에게 행사를 알리고, 의식을 행할 때 쓰이는 종鐘이 있는 전각이다. 이곳의 종은 1975년 제작 당시 한국에서 가장 컸다고 한다. 무게만 5톤이 나간다고 한다. 범종각 옆 사찰 마당에는 커다란 향나무가 있다. 향나무의 가지는 동서 양방향으로, 용트림하듯이 하늘로 솟구쳐 올라가고 있다. 많은 이들이 한국전

보문사 일주문

쟁 중 나무가 죽은 줄 알아 안타까워했으나, 3년 후 기적처럼 다시 살아났다는 이야기가 전해지고 있다. 이 이야기가 사람들의 간절한 소망이 더해 각색된 것이든 부처의 자비가 깃들어서 실현된 것이든, 그건 사실 중요하지 않다. 그 나무로 인해 우리가 아주 잠깐이나마 위안을 얻을 수 있다면 말이다.

보문사 오백나한과 와불전,
각기 다른 모습의 부처들

보문사 왼편으로 계단을 오르면 오백나한五百羅漢과 사리탑, 그리고 거대한 와불臥佛이 있다. 와불전과 오백나한상은 모두 2009년에 새로 만든 것으로서 그렇게 고풍스러운 멋은 없다. 그렇다고 아주 볼품이 없는 것도 아니다. 높이 9m의 삼십삼관음보탑을 중심으로 오백 명의 나한들이 둘러앉아 있어 나름의 위엄을 전해주기 때문이다.

—
보문사 오백나한상

보문사 와불

　나한은 '아라한阿羅漢'의 경지에 오른 자들을 가리키는 약칭이다. 불가는 원래 아라한을 목표로 삼고 수행을 한다. 아라한이 되기 위해서는 네 개의 단계를 거쳐야 한다. 혹하는 마음을 끊는 1단계에서 헛된 욕망을 없애는 2단계와 모든 번뇌를 끊어낸 3단계를 거쳐 깨달음의 경지인 4단계에 올라야 한다. 그런데 보문사 경내 오백 명의 나한상들은 제각기 다른 모습을 하고 다른 표정을 짓고 있다. 그 하나하나를 보는 재미가 쏠쏠하다.

　본래 부처는 하나가 아니라 삼라만상에 깃들어 자신을 드러내는 것이지 않은가? 사람들이 제각각이듯이 부처도 제각각인 것이다. 오백나한상은 이를 친숙하게 보여준다. 하지만 보살은 깨달음을 얻고도 중생을 구제하기 위해 해탈하지 않고 속세에 남은 자들이다. 아라한이라는 그 궁극의 목표가 중요한 것은 사실이다. 그러나 우리에게는 중생을 구제하는 '자비심'이야말로 진정한 부처의 모습이 아닐까 싶다. 오백나한상 옆의 와불전에 모셔진 부처의 인자한 얼굴은 그와 같은 중생들에게로 향하는 한없는 사랑, 자비심을 보는 듯하다.

와불전 안에 누워있는 부처를 만든 바위는 본래 법회를 열 정도로 큰 바위인 '천인대千人臺'였다. 천인대는 말 그대로, 1,000명이나 되는 사람들이 둘러앉을 수 있다고 해서 붙은 이름이다. 이 절을 만들었을 때, 서역西域의 고승이 불상을 모시고 날아왔다는 전설이 있다. 한가로이 누워있는 와불은 부처의 인자함과 자비심을 더욱 가깝게 느낄 수 있게 만든다.

보문사 석굴,
설화에 얽힌 중생구제의 염원

와불전에서 내려와 마당의 왼편을 보면 석굴사원이 있다. 한반도에서는 보기 힘든, 천연동굴을 이용하여 만든 사원이다. 석굴사원 내에는 나한상羅漢像과 석가모니불釋迦牟尼佛, 송자관음보살送子觀音菩薩, 관세음보살觀世音菩薩, 미륵보살彌勒菩薩, 제화갈라보살提華褐羅菩薩 등 총 22개의 불상이 모셔져 있다.

천연석굴 안에 과거와 현재, 미래의 부처를 함께 모신 곳이어서 더더욱 희귀하다. 그래서인지 이곳에는 오래전부터 전해지는 이야기가 있다. 옛날 이곳 삼산면에 살던 어부들이 물고기를 잡기 위해 바다에 그물을 던졌는데 사람 형태의 돌덩이 22개가 함께 올라왔다고 한다. 실망한 어부들은 돌덩이들을 모두 바다에 버렸고 자리를 옮겨 그물을 던졌다. 하지만 이번에도 똑같이 돌덩이 22개가 올라왔다. 놀란 어부들은 이것도 버리고 서둘러 돌아왔다. 그날 밤, 어부들 꿈에 노승이 나타나 불상을 함부로 버리면 되느냐며 호통을 치고, 산에 옮겨다 모시면 후손들이 복을 받게 될 것이라고 말하였다. 다음날 어부들은 석상들을 버린 곳에 그물을 던져 돌덩이 22개를 건졌고, 낙가산으로 옮겼다. 그런데 지금의 석굴이 있는

보문사 석굴 외부   보문사 석굴 내부

자리에 오자 돌덩이가 옮길 수 없을 정도로 무거워졌다. 그래서 어부들은 이 또한 부처의 계시라고 여겨 석굴에 석불 22체를 모시게 되었다고 한다. 이 이야기가 사실인지 아닌지는 중요하지 않다. 중요한 것은 현재 이곳에 모셔져 있는 석불 22체다.

'석가모니'가 현재의 부처, '미륵보살'이 미래의 부처라고 한다면 '제화갈라보살'은 과거의 부처다. 부처는 시간을 초월하여 과거, 현재, 미래에 항상 존재한다. '송자관음보살'은 자식을 낳게 해주는 부처고, '나한'은 석가모니가 자신의 가장 뛰어난 제자 중 세상에 남아 세속의 고통에 시달리는 중생들을 도우라고 명한 18명의 제자. 이렇듯 이곳에 모신 석불 22체는 뭇 중생들이 염원하고 바라는 모든 것들이 담긴 불상인지도 모른다. 사람들의 염원이 저마다 다르기에 부처도 다르며, 그렇기에 그렇게 많은 부처가 삼라만상에 깃들어 있는 것이다. 보문사만큼이나 여러 모습의 부처가 함께 있는 절은 없다고 한다. 아마도 보문사가 3대 관음성지가 될 수 있었던 것은 바로 이것 때문이 아닐까 싶다.

보문사 삼성각과 맷돌,
민간신앙 및 도교와 결합한 불교

보문사 석실과 보문사의 본당인 '극락보전' 사이에 삼성각과 맷돌이 있다. 보문사의 맷돌은 과거 보문사가 번창했던 시절의 기억을 담고 있다. 보문사가 수도修道를 위해 산문을 개방하였을 때, 300여 명에 이르는 승려가 이곳을 찾았다고 한다. 이 맷돌은 그들의 음식을 만드는 데 사용된 것이다. 지름 69cm, 두께 20cm로 일반 맷돌보다 두 배 정도 크다.

맷돌을 지나 극락보전 뒤쪽으로 가면 삼성각이 있다. 삼성각은 산신山神과 함께 '칠성七星', '독성獨聖'을 함께 모신 전각이다. 한국의 사찰에는 산신각이 있거나 삼성각이 있다. 산신각은 산신을 단독으로 모신 전각이다. 산신은 과거 민간신앙에서 숭배하였던 산에 사는 신이다. 산신은 호랑이 등에 걸터앉거나 기대고 있다.

반면 칠성은 북두칠성을 신격화한 도교의 신이다. 복을 주고 수명을 연장해준다고 믿는 일곱 명의 신이다. 도교에서는 이들을 가리켜 칠원성군七元星君이라 부르며, 불교에서는 칠여래七如來라고 부르기도 한다. 대체로 북두 제1성은 자손에게 만 개의 덕을 주고, 제2성은 재난을 없애주고, 제3성은 업장業障을 소명해 주며, 제4성은 바라는 바를 이루어주고, 제5성은 백 가지 장애를 없애주고, 제6성은 복덕을 고루 갖추게 해주고, 제7성은 수명을 길게 해준다고 한다.

삼성각의 중앙에는 치성광여래熾盛光如來의 탱화가 있다. 오른쪽에는 산신山神 탱화가 있다. 치성광여래는 일광보살日光

—
보문사 삼성각

菩薩과 월광보살月光菩薩이 좌우에서 모시고 있다. 치성광여래와 일광보살, 월광보살을 합쳐 칠성삼존불七星三尊佛을 이룬다. 북극성은 밤하늘의 별 중 가장 밝은 빛을 내서 치성광熾盛光이라는 명칭이 붙었다. 일광보살과 월광보살은 해와 달을 신성화한 것이다. 반면 독성은 구체적으로 누구를 말하는지는 명확하지 않다. 불교계에서는 독성을 십팔나한 중 하나인 '나반존자那畔尊者'로 부른다. 나반존자는 천태산에서 홀로 선禪을 닦으며 진리를 깨우친 자로, 중생을 구제하기 위해 미륵불이 다시 오는 용화세계를 기다리고 있는 성자로 알려져 있다.

보문사 맷돌

사람들은 세상이 혼란스러울수록 미륵을 염원하였다. 아마도 세상이 더 살기 힘든 곳이 되자 사람들은 미륵을 기다리는 나반존자를 중생에게 복을 주고 소원을 이루게 해주는 신으로 바꾼 것인지도 모른다. 바로 이런 점에서 삼성각은 불교와 도교, 민간신앙이 결합한 종교적 포용성을 보여준다. 하지만 불교의 이런 포용성은 '좋은 게 좋다'라는 식의 두루뭉술함은 아니다. 오히려 그것은 나한전과 보살행이 그러하듯이 시간과 공간을 초월해 자신의 불성을 드러내면서 중생을 구제하고자 하는 부처의 자비가 중생의 염원에 투영된 결과라고 할 수 있을 것이다.

보문사 극락보전,
아미타삼존의 대승보살도

삼성각을 지나면 보문사의 중심전각인 '극락보전極樂寶殿'이 있다. 극락보전은 아미타불阿彌陀佛을 본존으로 모신 전각이다. 아미타불을 중심으로 좌우에는 관음

보문사 극락보전

보살과 대세지보살이 보좌하고 있는데, 이들을 가리켜 '아미타삼존불'이라고 한다.

'아미타불'은 산스크리트어 '아미타브하無量光(Amitabha)와 '아미타유스無量壽(Amitayus)'를 음사音寫해 한자로 표기한 것이다. 아미타불은 과거 '법장法藏'이라는 보살로서 중생을 구제한다는 48개의 '원願'을 세워 자비로운 이타행利他行을 수행함으로써 대승보살도大乘菩薩道를 이룩한 부처다.

그렇기에 아미타불을 좌우에서 보좌하고 있는 관음보살은 아미타불이 가진 '자비'의 문慈悲門을 상징하고, 대세지보살은 아미타불이 가진 '지혜'의 문智慧門을 상징한다. 관음보살은 자비로운 부처. 후불탱화에 그려진 관음보살이 든 활짝 핀 연꽃은 모든 중생이 가진 불성이 깨어남을 의미한다. 대세지보살은 발을 한번 구르면 삼천대천세계뿐만 아니라 마귀의 궁전까지 흔드는 힘을 지녔다고 해서 '대세지大勢至'라는 이름이 붙었다.

상단 뒤편에는 3,000개의 옥으로 만든 부처가 줄지어 있고, 하단에는 신중탱화神衆幀畫가 있다. 천장의 좌우로 하나씩 용상이 지나가고, 또 다른 한 쌍의 용이 전각 밖으로 머리를 내밀고 있다. 신중탱화는 불법을 수호하는 호법신을 그린 불화다. 하지만 삼성각의 신들이 그러하듯이 이들 호법신 중에는 토속신들이 많이 섞여 있다.

위쪽에 있는 대예적금강大穢跡金剛神 및 8대 금강, 4대 보살, 10대 광명 등뿐만 아니라 제석천왕帝釋天王, 대범천왕大梵天王, 사대천왕四大天王, 용왕龍王, 수신水神 등이 그러하다. 특히, 아래쪽에 그려지는 신들은 호계신護戒神, 복덕신福德身, 토지신, 산신, 강신, 몽신, 목신, 축신 등으로 우리의 일상과 깊은 관련을 맺고 있는 신들이다. 이것은 불교가 신을 배타적으로 믿기 위한 종교가 아니라 중생의 구제와 안녕을 위해 일상의 삶과 결합하고자 한 종교임을 보여주고 있다.

보문사 용왕전과 용왕단,
석모도 바다의 부처

보문사 석실 옆에는 용왕을 모신 전각과 작은 우물이 있다. 중원이나 내륙의 사찰에서는 보기 힘든 전각이다. 용왕을 모신 전각을 용왕전龍王典이라 한다. 중생의 삶과 애환, 고통을 함께 나누는 보문사 아미타불의 대승보살도는 섬 한가운데 있는 절로서 바다에서의 안녕과 복을 비는 용왕에 대한 기원으로까지 이어지고 있다. 30여 년 전 수각水閣이었던 것을 용왕각으로 바꾼 것이다. 용왕각은 삼면이 바다인 한반도에서는 많은 지역에 존재한다. 용왕은 손에 보주를 들고 거북이를 타고 있다. 벽에는 용왕 탱화가 양각되어 있다. 용왕전 바로 아래에는 작은 옹달샘이 있다.

용왕단龍王壇은 보문사 석실 옆으로 난 계단을 따라 마애석불좌상을 향해 올라가는 도중에 만날 수 있다. 두 마리의 용이 용트림으로 하며 서로 뒤엉켜 있는 조형물이 있다. 용은 불법을 수호하는 용왕을 상징한다. 아마도 사람들은 바다가 한눈에 들어오는 이곳에서 안녕과 복을 축원하였을 것이다.

불교는 깨달음을 통한 해탈, 극락왕생을 목표로 하는 종교다. 하지만 수행을 통해 깨달은 부처가 해탈하지 않고 속세로 돌아오는 것은 세속의 삶에서 고통을 받는 중생을 구제하기 위해서다. 그렇기에 보살은 윤회의 고통을 벗어날 수 있지만, 그것을 벗어나지 않고, 오히려 윤회로 고통받는 세속으로 돌아온 부처들이다. 아마도 사찰에 그토록 다양한 부처들이 존재하는 것은 바로 이와 같은 세속의 삶 속에서 고통받는 중생의 마음을 헤아렸기 때문일지도 모른다.

보문사 마애석불좌상,
바위에 새긴 부처

용왕단을 지나 아래쪽에서 시작된 418개 계단을 모두 오르면 거대한 석상인 마애석불좌상이 눈에 들어온다. 어른 걸음으로 15~20분 걸린다. 낙가산 정상부의 절벽 바위에 새긴 높이 32척, 너비 11척의 거대한 불상이다. 이는 관음보살의 32응신應身과 11면面을 상징하고 있다고 한다. '마애磨崖'는 돌에 새겼다는 뜻으로 전국에 수많은 마애불상이 존재하지만, 보문사 마애석불좌상普門寺 磨崖石佛坐像은 높이 9.2m, 폭 3.3m로, 그 규모가 매우 거대하다. 마애석불좌상의 뒷배경인 눈썹 바위는 눈과 비로부터 석불을 보호하고 있다.

마애석불좌상은 네모난 얼굴에 높고 넓은 코를 가지고 있으며 이마가 좁다. 삼라만상의 깃든 부처를 상징하듯 가슴에는 만卍자가 새겨져 있다. 등 뒤에서는 빛이 환하게 비추는 '광배光背'가 있으며, 두 손에는 모든 번뇌와 악귀를 씻어서 쫓아버리는 신성한 물을 담고 있는 '정병淨瓶'을 들고 있다. 이 또한, 모든 번뇌로부터 중생을 구제하고자 하는 부처의 마음일 것이다. 하지만 이곳 마애석불좌상

보문사 마애석불좌상

의 역사는 길지 않다. 일제강점기인 1928년, 이 절의 주지 스님이 낙가산 중턱 암벽에 석불좌상을 새겨 넣었기 때문이다. 스님은 석불좌상 위로 돌출된 눈썹바위를 이용하여 불상을 새겨 넣었는데, 마치 눈썹바위가 마애석불좌상을 보호하고 있는 것처럼 보인다.

생각보다 역사가 짧아 그 신비감은 조금 사라질 수도 있다. 하지만 마애석불좌상과 그 앞에 펼쳐진 바다를 살펴보면 왜 이곳이 3대 관음성지라 불리는지를 이해할 수 있다. 오밀조밀 보인 바닷가 마을 뒤로, 역시 여러 섬이 다닥다닥 붙어 있는 서해의 풍경이 눈에 들어온다. 동해의 바다가 한눈에 담을 수 없을 만큼 크고 넓다면, 서해의 바다는 그것보다는 자그마한 풍경으로 눈에 담긴다. 서해만의 매력이다. 바위와 바다, 마을과 섬이 한눈에 들어오면 자연의 아름다움과 경외감이 나도 모르게 생겨나면서 소원을 비는 기도를 하게 된다. 이렇게 보니 낙가산 중턱의 바위에 새겨진 것은 부처의 모습만이 아닌 것 같다. 소금기를 품고 오랜 시간 불어 닥친 자연의 '바람'도 새겨져 있을 것이다. 또한, 이곳에 와 석불좌상과 바다를 바라보면서 소원을 빌었을 수많은 사람의 '바람'도 새겨져 있을 것이다.

불상이 단순한 불상으로 보이지 않는 것도 어쩌면 당연한 일일지도 모른다.

강화 정수사 법당,
물 맑은 절의 아름다운 전각들

석모도의 보문사를 창건한 회정대사라는 인물에 대한 기록은 많지 않다. 하지만 그는 보문사를 창건한 4년 뒤인 639년, 강화군 화도면 해발 472m인 마니산摩尼山 동쪽에 또 다른 절을 창건하였다고 한다. 그 절이 바로 정수사淨水寺다.

기록에 따르면 낙가산 보문사에 머물던 회정대사는 강화 마니산 참성단에 왔다가 그 동쪽에 좋은 기운이 넘치는 넓은 땅을 보고 정수사를 세웠다고 한다. 그러다가 1426년 고려와 조선 초에 활동했던 험허대사涵虛大師(1376~1433)가 정수사를 다시 지었다. 절 서쪽에 '맑은 물淨水'이 흐르는 것을 보고 절의 이름을 정수사淨水寺로 바꿨다고 한다.

강화 정수사 법당(© 문화재청)

강화 정수사 법당 툇마루(© 문화재청)

사찰의 핵심은 아무래도 석가모니를 모시고 있는 대웅보전大雄寶殿이다. 오래된 사찰일수록 이 대웅보전 자체가 기억하고 보존해야만 하는 보물로서의 가치를 갖게 된다. 정수사도 마찬가지다. 정수사 대웅보전은 '강화 정수사 법당'이라는 이름으로 1963년 보물 제161호로 지정되었다. 그런데 1957년 보수공사 때 숙종 15년(1689)에 수리하면서 적은 기록을 찾아냈다. 기록에 따르면, 세종 5년(1423)에 새로 고쳐 지은 것이다.

법당 안을 살펴보니 가운데 석가모니를 중심으로 지장보살地藏菩薩, 보현보살普賢菩薩, 문수보살文殊菩薩, 관세음보살이 함께 앉아있다. 저마다 특색을 갖춘 모습이다. 하지만 정수사 대웅보전이 국내에서 기록할 만한 보물로서의 가치를 갖게 된 것은 불상의 성스러움 때문만이 아니다. 법당을 고치면서 툇마루 등을 배치한 독특한 법당 구조를 놓치면, 정수사의 진가를 제대로 볼 수 없다.

1423년 세종 때에 새로 고쳐 지은 이후 약 100년이 지난 1524년 숙종 때 정수사 대웅보전은 또다시 새로 고쳐졌다. 이때 고쳐지면서 가장 크게 달라진 것은 법당에 이전까지 없었던 툇마루를 설치하였다는 점이다.

정수사 대웅보전 건물이 다른 절들과 다른 점은 앞에 툇마루가 있다는 것이다. 대부분 사찰에서는 툇마루를 찾아볼 수 없다. 그래서 정수사는 이곳을 찾는 이들에게 보여주는 넉넉한 마음 씀씀이가, 사찰의 안방이라고 할 수 있는 대웅전에 고스란히 묻어난다.

게다가 정수사 대웅보전에는 꽃병에 꽃이 담겨있는 꽃살문이 있다. 꽃살문이 아름답기도 하지만, 사람들이 잠시 쉬어가기를 바라는 마음도 담은 것으로 보인다. 그래서 꽃살문 자체로도 매우 아름답지만, 중생들을 위하는 마음이 더 아름다워 보인다. 대웅보전 툇마루에 앉아 아래를 내려다보니 속세의 번다함이 어느 사이 잊히는 듯하다.

강화의 사찰에는 묘한 분위기가 존재한다. 보문사도 그랬고 정수사도 그렇다. 넓은 바다와 맑은 물을 가깝게 두고 있는 보문사와 정수사는 부처의 넓은 자비심과 맑은 인자함을 동시에 지니고 있다. 중생의 마음이 다양하기에 삼라만상에 담긴 부처의 형상도 다양하다. 하지만 변하지 않는 본질적인 것, 부처와 사찰을 통해 우리가 기대하는 것은 거기에 담긴 뭇 중생들을 향했던 끝없는 자비심과 인자함을 느끼기 위해서일 것이다. 강화의 사찰은 바로 그걸 우리에게 전해주고 있다.

정수사 뒤편 함허대사 승탑

강화의 자그마한 절인 정수사가 오늘날 강화 3대 사찰에 속할 정도로 유명해진 이유는 조선 시대 무학대사의 제자인 함허대사 때문이다. 그는 고려말과 조선 초기의 유학자들이 불교를 배척하는 것에 반대하면서 유교의 허점을 불교가 보완할 수 있다는 주장을 펼쳤다. 함허대사가 입적하자 그의 수도처였던 정수사 뒷산 중턱에 그를 기린 승탑인 부도浮屠를 세웠다. 부도는 스님이 돌아가신 후 화장하고 남은 다비 등의 유해를 모신 묘를 가리킨다.

높이 164cm의 함허대사 부도는 현재 강화 향토유적 제19호로 지정되어 있다. 한 장의 돌로 된 지대석 위에 기단부를 만들고, 그 위에 타원형의 탑신과 육각형 옥개석을 올려놓았다. 기단부에 새겨진 연꽃무늬를 제외하고는 여느 절에서 흔하게 볼 수 있는 부도와 다를 바가 없다.

그런데 함허대사가 원래는 중원 사람이며, 부인을 남겨놓고 이 땅에 와 수행을 닦고 있었다는 이야기도 전해진다. 17세기에 저술된 강화의 읍지인 『강도지江都誌』에는 '고려 때 중원에서 건너온 함허대사가 수행했는데, 그의 부인이 찾아와 모국으로 돌아가길 청했으나 돌아가지 않자 바다에 빠져 죽었는데, 각시바위(각시의 섬)가 됐다'는 애틋한 내용이 기록돼 있다. 이 이야기는 다음과 같은 애틋한 설화로 각색되어 전해진다.

함허대사가 중원에서 바다를 건너 정수사에 와보니 선禪을 수행하기에 좋았다. 어느 날 이곳에 자리를 잡고 수행을 하고 있었는데, 부인이 찾아왔다. 하지만 스님은 동자를 통해 '고향으로 돌아가라'라는 편지 한 장을 부인에게 전해주었다. 그러자 부인은 얼굴만 한 번 보고 떠나게 해달라고 부탁하였다. 하지만 스님은 부인을 만나면 지금까지의 수행이 무너질 것이라는 생각에 정수사 옆 마니산 계곡 넓은 바위 위로 올라 정과 망치로 글자를 새기기 시작했다. 그는 '구름 한 점 없이 맑은 하늘에 잠겨 있는 곳'이라는 뜻의 '함허동천涵虛洞天' 네 글자를 새겼다. 결연한 남편의 의지를 확인한 부인은 '이곳에 남아 영혼으로나마 당신의 깨달음을 위해 기도하겠다'라는 말을 남기고 정수사가 바라보이는 바다에 몸을 던졌다. 그러자 부인이 몸을 던져 떨어진 자리에서 큰 물결이 일어났고, 그곳에 거대한 바위 하나가 솟아올랐다. 그 이후, 사람들은 그 바위를 함허대사 부인의 영혼이 담겨있다고 해서 '각시바위'라고 불렀다.

'정수사 함허대사와 각시바위' 설화는 중원에서 건너온 함허대사와 고려 말 조선 초에 활동하였던 선지식 함허대사가 살았던 시기가 비슷해 혼용되고 있다는 지적도 있다. 불교 현정론顯正論을 편 인물임을 감안 한다면, 부인 이야기는 애초 성립할 수 없다.

법명이 기화己和, 법호는 득통得通, 당호는 함허인 함허대사는 21세 때 관악산 의상암에서 출가한 이후, 태종 4년(1404) 회암사에 크게 깨치고 오도송을 읊었다. 그의 나이 28세 때였다. 이후 다양한 활동을 하다가 1431년 문경의 희양산 봉암사鳳巖寺를 중수하고, 그곳에서 머물다가 1433년 입적하였다. 그의 사리는 다섯 군데에 나누어 부도를 세웠다고 하는데, 가평 현등사, 희양산 봉암사, 황해도 현봉사, 위치를 알 수 없는 인봉사, 그리고 강화 정수사다.

06

중생구제의 염원을 담은
부처의 형상

| 전등사 – 전등사 남문 – 정족산성 – 양헌수 승전비 – 전등사 대조루 – 전등사 범종 – 전등사 대웅전 – 전등사 목조석가여래삼불좌상 – 전등사 향로전 – 전등사 약사전 – 전등사 명부전(목조지장보살삼존상) – 전등사 삼성각

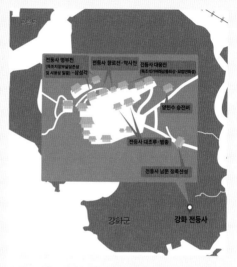

강화 전등사, 격동의 역사가 있는 사찰

전등사 남문·정족산성, 전등사로 가는 산성의 문

양헌수 승전비, 병인양요에 대한 승전의 기억

전등사 대조루, 푸르른 향기에 취해

전등사 범종, 일제 수탈의 현장

전등사 대웅전, 배신에 고통받는 나부상

전등사 목조석가여래삼불좌상, 부처의 자비와 치유의 빛

전등사 향로전과 약사전, 약사불에 담긴
자비심과 민중의 희망

전등사 명부전과 삼성각, 중생구제의 끝판왕

강화의 3대 사찰이 보문사普門寺, 정수사淨水寺, 전등사傳燈寺라고 하지만, 그 중 첫 번째는 누가 뭐라 하든 전등사일 것이다. 그도 그럴 것이 우선 사찰의 규모와 그 안에 있는 유물의 수까지도 다른 절들보다 크고 많기 때문이다. 더군다나 전등사는 장소부터 심상치 않다. 단군의 세 아들과 관련된 설화가 남아있는 강화군 길상면 정족산성 또는 흔히 말하는 삼랑성 안에 있다. 하지만 가장 큰 이유는 무엇보다 국내 사찰 중에 가장 오래된 절로서 381년에 처음 만들어진 것으로 알려졌기 때문이다.

기록에 의하면 강화 전등사는 381년 아도화상阿道和尙(?~?)이 세운 진종사眞宗寺가 기원이다. 하지만 전등사가 유명한 것은 단순히 가장 오래된 사찰이라는 점 때문만이 아니다. 한반도의 역사적 고난의 장면들을 고스란히 간직하고 있는 곳으로서, 오늘날 우리에게 특별한 감상과 생각들을 건네주는 역사적 공간이란 점을 강조할 필요가 있다.

강화 전등사,
격동의 역사가 있는 사찰

진종사로부터 시작된 전등사는 13세기 몽골군의 침입을 피해 강화도로 수도를 옮긴 고려 왕실의 지원으로 사찰의 규모와 위세가 더욱 확장되었다. 그러한 위세가 유지되면서 17세기에는 『조선왕조실록朝鮮王朝實錄』과 왕실 관계 족보 및 서적들을 보관하는 중요한 사찰이 되었다. 이처럼 전등사는 몽골의 침입으로 피난을 온 고려와 병자호란을 겪은 조선에서 왕실의 전폭적인 지원과 관심을 받았던 사찰이었다.

전등사는 근대 개항기에도 중요한 구실을 하였다. 1866년 병인양요丙寅洋擾 때는 양헌수梁憲洙(1816~1888)가 이끈 조선군이 프랑스군을 격파한 장소였다. 일제의 침략기인 1907~1908년에는 대규모의 반일 집회와 일본군과의 전투가 벌어진 곳이기도 했다.

전등사는 여느 사찰과는 달리 보물로 지정된 문화재가 여섯 점이나 있는 곳이기도 하다. 보물 제178호로 지정된 '강화 전등사 대웅전'을 비롯하여 보물 제179호 '강화 전등사 약사전藥師殿', 보물 제393호 '전등사 철

전등사 은행나무

종鐵鍾'이 있다. 이외에도 보물 제1785호 '강화 전등사 목조석가여래삼불좌상木造釋迦如來三佛坐像', 보물 제1786호 '강화 전등사 목조지장보살삼존상木造地藏菩薩三尊像 및 시왕상十王像 일괄一括', 보물 제1908호 '묘법연화경妙法蓮華經 목판木板' 등이 경내 곳곳에 보존되어 있다.

하지만 보물만큼이나 눈에 띄면서 전등사의 매력을 더욱 깊게 해주는 것이 있다. 바로 전등사 남쪽 입구로부터 얼마 떨어지지 않은 곳에 심겨 있는 두 그루의 은행나무다. 강화군 보호수 제66호, 제67호로 지정된 거대한 이들 은행나무 두 그루는 수명이 각각 600년과 500년을 넘겼다고 한다. 조용히 나무 아래 서면, 천년 넘은 사찰의 역사가 주는 무게감만큼이나 은행나무의 끈질긴 생명력도 고스란히 느껴진다. 험난했던 역사를 이겨온 무게감은 언제나 우리를 겸손하게 만든다. 수난과 고통의 세월, 기쁨과 환희의 세월을 고스란히 보낸 수백 년의 역사는 위대하고 경이롭다.

전등사 남문·정족산성,
전등사로 가는 산성의 문

전등사를 가기 위해서는 해발 222m인 정족산鼎足山을 올라 성문을 들어가야 한다. 왜냐하면 전등사가 과거 정족산성鼎足山城이 있었던 강화 삼랑성三郎城 안쪽에 자리를 잡고 있기 때문이다. 정족산성은 원래 능선이 계곡谷을 둘러싸고包 있다는 의미의 포곡식包谷式 산성이었다고 한다. 고려와 조선은 정족산성을 쌓아 수도 개경과 한양의 외곽을 방어하는 기지로 삼았다.

하지만 성의 외곽이나 축조방식을 보면, 이미 삼국시대에 만들어진 것임을 알수 있다. 처음에 만든 성은 흙으로 쌓은 토성이었다. 삼국시대에는 그 위에 막돌

전족산성 흔적

을 쌓고 성 전체를 돌로 다시 쌓았다. 고려 때인 1259년에는 대몽항쟁을 전개하기 위해 수도를 아예 강화도로 옮기면서 이곳을 가궐假闕 터로 삼았다.

전등사로 들어가는 입구는 모두 네 곳인데, 과거 정족산성의 사대문을 따라 동문, 서문, 남문, 북문을 두었다. 이 중에 1976년 남문을 고쳐서 다시 만들었다. 남문을 과거의 웅장했던 성문처럼 복원하였기에 전등사로 가는 길은 사찰이 아니라 마치 산성을 들어가는 느낌을 준다. 하기야 정확히 말하자면 이곳은 정족산성의 남문이지 전등사의 남문은 아니다. 남문은 최근 복원해 그 역사의 깊이를 알 수 없다. 하지만 남문을 들어서 오른쪽으로 좀더 들어가 보면 오랜 세월을 견디며 조금씩 무너져버린 정족산성의 흔적을 볼 수 있다.

양헌수 승전비,
병인양요에 대한 승전의 기억

다시 발길을 전등사 쪽으로 돌려 들어가다 보면 오른쪽으로 빠지는 길이 나온다. 이 길을 따라가다 보면 제국주의 침탈 과정에 무기력하기만 했던 조선의 역사가 아니라, 그동안 드러나지 않았던, 당당하게 침략자들을 몰아냈던 한반도의 주체적인 역사를 만날 수 있다. 바로 양헌수 승전비가 그것이다. 화강암에 새긴 비석의 앞면에는 '순무천총양공헌수승전비巡撫千摠梁公憲洙勝戰碑'라는 글자가 선명하다. 양헌수梁憲洙(1816~1888)는 강화도를 침략해 강화읍을 점령한 프랑스 제국 군대와 싸우기 위해 깊은 밤을 틈타 김포의 덕포진을 넘어 강화도로 왔다.

그는 이곳 정족산성에 강계江界 포수 500여 명과 함께 매복하였다. 그것을 모르는 프랑스 제국군은 강화도 읍내의 산성과 외규장각을 짓밟은 이후, 승리에 도취해 있었다. 양헌수 군대는 야간에 프랑스 군대를 기습적으로 공격하였다. 이 전

양헌수 승전비

투에서 프랑스군 여섯 명이 죽고 60~70여 명이 다쳤다. 반면 양헌수 군대는 한 명이 죽고, 네 명이 상처를 입었다. 이로써 프랑스 선교사의 죽음과 관련된 책임자 처벌과 통상조약 체결을 요구하며 일곱 척의 군함과 1,000여 명의 병력을 이끌고 강화도를 침략하였던 피에르 G. 로즈(Pierre Gustave Roze, 1812~1882)는 조선에 온 지 약 한 달 만에 물러났다.

강대한 총칼은 제국주의를 상징하는 반면, 빈약한 창과 화살은 그것에 대한 역부족의 대항을 보여준다. 이제까지 제국주의 침략의 역사적 장면들, 그것에 대한 민족의 힘겨운 저항의 흔적들은 이렇게 표상되었다. 하지만 그것은 힘겨운 역부족의 저항이었지만, 결코 패배를 의미하지는 않는다. '지금', '이곳', '우리'의 역사가 여실히 실증하고 있기 때문이다.

전등사 대조루,
푸르른 향기에 취해

양헌수 승전비가 있는 곳은 전등사의 동문이다. 동문에서 다시 되돌아 올라오면 전등사의 남문과 동문에서 오는 길이 합쳐지는 지점이 있다. 이곳에는 2층 건물이 있는데, 1층에 '전등사'라는 현판이 걸려있다. 일반적으로 사찰 입구로 들어가는 '불이문不二門' 대신에 세워진 '대조루對潮樓'이다. 대조루에 올라 석가모니불이 있는 대웅전을 보면 25도 위쪽으로 올려 보게 된다. 아마도 본존불本尊佛인 석가모니불에 대한 경외를 표현하기 위한 것으로 보인다. 다시 눈을 반대편으로 돌려 내려다보면 한반도 근대의 가장 중요한 역사적 공간이었던 강화해협 전체가 한눈에 들어온다.

아마 부처님도 이렇게 강화도를 내려 보고 있는지도 모른다. 그래서였을까.

전등사 대조루

이곳 대조루에는 1726년 영조가 전등사를 방문해 직접 썼다는 '취향당翠香堂'이라는 편액이 걸려 있다. 또한, 추사 김정희金正喜(1786~1856)가 쓴 '다로경권茶爐經卷'의 편액도 보관되어 있다고 한다.

아마도 전등사에는 이들 편액이 걸려 있던 전각들이 있었을 것이다. 지금은 사라졌지만 '푸르른 향기'에 취하고, '차 달이는 화로와 경문經文을 적은 두루마리'가 있는 곳이었다. 전등사에서 푸르른 강화도 해협을 보면서 마시는 차의 향기가 사찰을 감싸는 듯하다.

전등사 범종,
일제 수탈의 현장

전등사 대조루 바로 옆에는 전등사 범종이 있다. 이 범종의 내력이 독특하다. 2020년을 기준으로 대한민국의 보물 중에서 한국과 문화적 연관성이 전혀 없는 유물은 권응수 장군 유물인 장검(일본 장검), 고대 그리스 청동 투구(손기정 투구), 그리고 바로 이 전등사 범종 단 3개뿐이다. 여덟 개의 정사각형들 사이에 새겨져

—
전등사 범종

있는 '송나라 회주 수무현 백암산 숭명사에서 철종 4년에 만든 종大宋懷州修武縣 百巖山崇明寺 紹聖丁丑歲 丙戌念三日鑄 鐘一顆'이라는 명문으로 보건대 중국 하남성 백암산 숭명사의 종이라는 것과 북송 철종 4년, 곧 고려 숙종 2년(1097)에 주조되었음을 알 수 있다.

전형적인 중국 종으로, 종의 꼭대기에 있는 고리는 두 마리의 용으로 되어있으며, 소리의 울림을 돕는 음통音筒 대신에 종 머리 중앙에 구멍을 뚫었다. 용머리 주변에는 열여섯 개의 연꽃잎이 새겨져 있고, 몸통 위쪽에 팔괘八卦의 장식이 보인다. 하지만 중국에서 만든 종임에도 불구하고 전등사 범종은 보물 제393호로 지정되었다. 다른 무엇보다 이 범종에는 한반도의 아픈 역사가 간직되어 있기 때문이다.

이 종이 어떻게 이곳에 있게 되는지는 정확히 알지 못한다. 다만, 이 종이 일제강점기의 역사적 기억을 간직한 종이라는 것만 알려져 있다. 일제는 2차 세계대전 당시 무기를 만들기 위해 전국의 철기를 모았다. 이때 원래 있었던 전등사 범종梵鐘도 부평의 일본육군 조병창造兵廠으로 옮겨졌다고 한다. 전등사 현지 안내문에는 "전등사 철종은 중국 송나라 때 회주 숭명사에서 무쇠로 만든 중국 종이다. 2차 대전 당시 일본군이 병기를 만들려고 지금의 인천광역시 부평 병기창에

갖다 놓은 것을 광복 후에 이곳으로 옮겼다."라고 기록하고 있다. 그렇기에 전등사 범종은 일제 수탈의 역사를 증명하는 하나의 상징이기도 하다.

수탈의 역사는 청산되어야 한다. 그것은 제국 일본이 식민지 조선을 수탈했기 때문만이 아니다. 모든 제국주의는 인류 전체를 고통과 불행으로 몰아넣는다. 그래서 제국주의 역사는 언제나 성찰적으로 기억되어야 하며, 반복적으로 역사 안에서 청산되어야 한다. 우리가 이곳에서 일제강점기를 떠올리는 것은 바로 이 때문인지도 모른다.

전등사 대웅전,
배신에 고통받는 나부상

집단과 집단이 마주치는 역사의 흐름도 그렇지만 인간의 개별적인 삶도 생로병사의 고통을 벗어날 수 없다. 동시에 개인이든 집단이든 인연이 빚어내는 희로애락을 결코 벗어날 수 없다. 부처가 중생을 안타까이 여긴 이유가 이런 삶의 인연들이 만들어내는 번뇌와 고통 때문인지도 모른다. 이러한 생각과 함께 전등사 은행나무를 뒤로 하고 전등사 내부로 진입하면 산 중턱 곳곳에 세워진 사찰 건물들이 눈에 들어온다. 얼핏 봐서도 오래되고 가치 있는 건물임을 알 수 있다. 절 입구의 대조루를 지나면 보물 제178호인 대웅보전이 정면에서 눈길을 사로잡는다.

전등사 대웅전은 1605년과 1614년에 불타 없어진 것을 1621년에 다시 지었고, 이후 1916년과 1968년에 복원하였다. 건물 자체가 500여 년 가까이 보존되고 있어서 조선 중기 이후 사찰 건물의 모습을 잘 보여준다. 그래서 건축사와 미술사 연구에 중요한 자료로 평가된다.

그런데 대웅전의 오랜 역사를 더욱 흥미롭게 해주는 것이 있다. 바로 대웅전

전등사 대웅전(© 문화재청)

의 네 모서리 기둥 위에 추녀를 받치는 모양으로 조각된 벌거벗은 여인의 상이다. 벌거벗은裸 여인婦이라는 의미에서 나부상裸婦像이라고 불리는 이 조각은 대웅전 기둥 위에 조각되어 있다.

사찰에 이처럼 벌거벗은 여인이 새겨져 있다는 것 자체가 매우 기이할 수밖에 없다. 물론 나부상은 이곳 대웅전 건물의 아름다움을 배가시키는 효과가 있다. 하지만 이런 독특한 조각에 전해 내려오는 이야기가 없을 리 만무하다. 전해지는 이야기는 생각보다 단순하다.

1614년 전등사에 큰불이 나 대웅전을 다시 짓게 되었다. 이때 나라에서 손꼽는 도편수都便手가 대웅전의 복원공사를 지휘하였다. 그는 공사 도중, 아랫마을 주모酒母와 사랑에 빠져 자신이 공사를 하면서 번 돈을 모두 주모에게 가져다주었다. 그런데 대웅전 공사가 끝날 무렵, 주모는 목수의 돈을 챙겨 달아나 버렸다. 화가 난 도편수는 도망간 주모에게 앙갚음할 목적으로 벌거벗은 여인상을 조각하여 전등사 대웅전의 무거운 추녀를 받치게 했다고 한다. 어쩌면 도편수는 그녀를 사랑하였기에 아팠고, 이렇게 해서라도 사랑의 고통을 극복하고자 하였는지도 모른다.

하지만 배신 또한 사랑이 있기에 존재한다. 사랑하였고 믿었기에 배신도 하는 것인지 모른다. 그래서 많은 사람이 이런 이야기를 남겨 우리 자신의 삶이 겪는 사랑의 고통을 달래고 있는지도 모른다.

전등사 목조석가여래삼불좌상,
부처의 자비와 치유의 빛

사람들이 사찰을 찾는 것은 사랑의 고통처럼 인연이 빚어내는 고통을 벗어나고 마음의 상처를 치유하기 위한 것인지도 모른다. 부처는 깨달음을 통해서 '지혜'를 얻은 자이며, 중생을 고통으로부터 구제하고자 하는 '자비'로운 존재다. 그래서 사람들은 부처를 통해 마음의 위안을 얻는다.

전등사 대웅전 내부에는 보물 제1785호인 목조석가여래삼불좌상이 있다. 대웅전 안으로 조심스럽게 들어가면 근엄하게 앉아 있는 세 명의 부처가 보인다. 세 명의 부처가 함께하는 '삼존불三尊佛'이다. 석가불상釋迦佛像을 중심으로 좌우에 아미타불상阿彌陀佛像과 약사불상藥師佛像이 있다.

모습과 얼굴은 거의 비슷하지만 부처의 몸을 감싸는 옷 주름이 모두 다르게 표현되어 있다. 손 모양도 모두 다르게 조각되어 있다. 이것은 부처마다 그들이 서원誓願한 바가 다르고 그렇기에 그들이 맺고 있는 수인手印도 다르기 때문이다. 이곳의 불상 안에서 발견된 발원문發願文에 의하면 1623년에 제작되었다고 한다.

나무로 만든 조각상임에도 500여 년 가까이 그 형태를 고스란히 유지하고 있다. 불교에서 이들 세 부처는 모두 존귀한 믿음의 대상이다. 석가불상은 석가모니를, 아미타불은 '무한한 수'와 '무한한 광명'을 뜻하는 자비로운 부처이고, 약사불은 중생의 고통을 치료하고 위로해주는 위대한 부처다.

특히 이 중에서도 오른쪽에 있는 약사불은 우리나라 사람들에게 유독 인기가 많은 부처다. 한반도 근현대가 만들어낸 고통과 역경의 순간들은 뭇 중생들에게 고통의 치유와 위로에 대한 갈망을 만들어냈을 것이고, 자신들이 믿는 공간들에 그것을 형상화한 신적 존재를 세워두었을 것이다. 따라서 약사불이 한반도에서 사랑받고, 역사적 고난의 장소이기도 했던 강화도 전등사에 좌정하고 있는 것은 결코 우연이라고 할 수 없다.

전등사 향로전과 약사전,
약사불에 담긴 자비심과 민중의 희망

삼존불을 모시는 전각은 바로 대웅보전이다. 여기서 약사불은 석가모니를 좌우에서 모시는, 돕는 '협시보살脇侍菩薩'의 위상을 가진다. 하지만 대웅전 옆에 있는 약사불은 '약사여래藥師如來'를 모신 전각이다. 약사여래는 '대의왕불大醫王佛'이라고 불리기도 한다. 이것은 그가 모든 중생의 질병을 치료하고 재앙을 소멸시키는 존재이기 때문이다.

약사여래는 과거에 '약왕藥王'이라는 이름의 보살이었다. 그는 중생의 아픔과 슬픔을 없애기 위해 열두 가지 원願을 세웠다. 이것이 약사십이대원藥師十二大願이다. 그 공덕으로 그는 부처가 되었다. 하루하루 살아가는 것이 힘든 백성에게 그의 이름을 외우면 신의 보호를 받고 재앙이 없어지며 질병이 낫는다는 믿음은 강력한 것이었다. 게다가 그들은 약사여래가 개인의 고통뿐만 아니라 나라의 변고가 있거나 천재지변이 있을 때도 신통력을 발휘해 그들을 고통에서 구제해준다고 믿었다. 그렇기에 그는 민간에서 숭배의 대상이 되었다.

하지만 어떤 측면에서 이런 신앙이야말로 불교의 위대한 보살행을 보여주고 있는 것인지도 모른다. 생로병사의 윤회와 희로애락의 번뇌를 벗어나는 것도 중요하지만, 민중들에게 더욱 중요한 것은 당장 주어진 삶의 고통에서 벗어나 보다 행복한 삶을 사는 것인지도 모르기 때문이다.

그래서였을까. 전등사에는 다른 사찰에는 없는 독특한 역사의 자취가 남아있는 곳이 있다. 향로전이 그것이다. 향로전은 본래 법당을 관리하던 사람들이 살던 곳이다. 하지만 조선 시대 전등사의 향로전은 오직 임금 하나를 위해 평생을 살아야 했던 궁궐의 상궁이나 나인들이 기도하던 곳이기도 했다. 평생 얼굴 한 번 볼 수 없는 존재를 위해 기나긴 삶을 살아야 했던 궁전의 상궁과 나인들에게 삶은 나누어질 수 없는 것이었는지도 모른다. 자신의 힘으로 온갖 차별과 고통을 이겨내야 했고, 결국에는 마지막 남은 고독한 외로움까지도 물리쳐야 했던 그들에게는 부처야말로는 그들이 기댈 수 있는 마지막 보루였는지도 모른다.

전등사 명부전과 삼성각,
중생구제의 끝판왕

석가여래, 약사여래, 아미타여래는 모두 시간상으로 현재에 존재하는 부처, 즉 '현세불現世佛'이다. 하지만 지장보살地藏菩薩은 지옥에 간 자들까지 구원하고자 하는 보살이다. 지옥으로 떨어진 자들이라면 얼마나 많은 죄를 지은 자들이겠는가?

하지만 지장보살은 지옥에 떨어져 고통을 받는 중생까지 구제하기 전에는 절대 성불成佛하지 않겠다고 맹세한 보살이다. 그래서 지장보살을 중생의 구제를 바라는 보살 중에서도 으뜸이라는 의미에서 '대원본존大願本尊'이라 한다. 저승이라 불리는 '명부冥府'란 죽은 자들의 세계를 관장하는 신들이 있는 곳이다. 명부전에 지장보살이 있는 이유다.

그런데 명부전과 함께 보면 좋은 것이 바로 전등사 삼성각三聖閣이다. 불교는 중생이 있는 곳이라면 그 누구도 함부로 배척하지 않았다. 삼성은 불교의 신이 아니지만, 불교의 신이 되었다. 삼성은 산신山神, '칠성七星', '독성獨聖'을 가리킨다.

산신이 우리나라 민간신앙과 결합한 불교적 신으로서 흔히 토속적인 산신령에 해당하는 산신을 의미한다면, 칠성은 북두칠성을 신격화한 도교의 신이다. 복을 주고 수명을 연장해주는 신이기도 하다. 북극성과 해, 달을 신격화한 치성광여래熾盛光如來를 중심으로, 좌우에 일광보살과 월광보살을 배치한 삼존불과 함께 하는 경우가 많다. 독성은 천태산이라는 곳에서 홀로 도를 닦아 진리를 깨우친 성자인 나반존자那畔尊子를 일컫는다.

하지만 이 중에도 단연 불교의 자비와 대승의 길을 보여주는 것은 지장보살이다. 서울 서쪽 지역 전체를 통틀어 가장 유명한 절인 전등사에서도 사람들이 가장 많이 찾는 곳이 아마 지장보살이 모셔져 있는 명부전이 아닐까 한다. 그런데 전등사 명부전 내부를 살펴보면 그 규모가 상당해서 놀라움을 안겨준다.

가운데 세 명의 보살상을 중심으로 그 좌우로 불상이 총 31개나 있다. 가장 먼저 눈에 띄는 것은 가운데 있는 세 구의 불상이다. 이 세 구의 불상이 바로 보물 제1786호로 지정된 '전등사 목조지장보살삼존상 및 시왕상 일괄'에서 '목조지장보살삼존상木造地藏菩薩三尊像'이다.

목조지장보살삼존상은 지장보살상地藏菩薩像과 도명존자상道明尊者像, 무독귀왕상無毒鬼王像으로 이루어져 있다. 지옥에서 고통을 받는 중생들을 구원하는 지장보살을 중심으로 왼쪽에는 사후세계를 경험한 뒤 지장보살을 모시게 된 도명존자가 있다. 오른쪽에는 사람들의 악한 마음을 없애준다는 무독귀왕이 있다.

목조지장보살삼존상을 중심으로는 죽음 이후의 삶을 관장하는 열 명의 왕十王像이 좌우 대칭으로 늘어서 있다. 또한, 그 옆으로는 귀왕상鬼王像, 판관상判官像, 사자상使者像, 인왕상仁王像 등이 대칭으로 세워져 있어, 모두 31구의 불상이 세워져 있는 장엄한 광경을 볼 수 있다.

저승을 관장하는 열 명의 왕들은 오관대왕五官大王, 도시대왕都市大王, 변성대왕變成大王 등 각각 이름이 있다. 얼마 전에 개봉해 크게 흥행한 영화「신과 함께」에서 주인공들이 재판을 받을 때 등장하는 왕들이 바로 이들 시왕十王이다. '시왕'은 사후死後 세계에서 인간들의 죄를 가리는 열 명의 심판관들을 가리킨다. 그들이 인간의 죄를 밝히고 단죄할 때, 지장보살은 시왕의 심판을 받은 이들에게 자비慈悲를 베풀어 그들을 구제하는 보살로 알려져 있다.

명부 세계에서조차 지장보살과 시왕들 사이의 역할은 서로 대립적이면서 조

화롭다. 하지만 지장보살만큼이나 시왕이 내린 준엄한 심판도 벌을 내리기 위해서가 아니다. 그것의 본래 목적은 인간이 지은 죄를 씻고, 다시 삶을 통해 불성을 깨닫고 해탈의 길로 이끄는 데 있다. 불가에서 구원은 절대적인 신이 우리에게 일방적으로 내려주는 은혜와 같은 것이 아니다. 그것은 우리가 가진 죄를 뉘우치고 깨달음을 얻는 능동적인 실천으로부터 주어지는 것이다. 그래서 무섭고 험상궂게 생긴 시왕들의 얼굴조차 깨달음의 대상이 되는 것이다.

강화 전등사는 그 오랜 역사만큼이나 다양한 역사적 장면들이 응축된 공간이다. 동시에 그러한 역사를 온몸으로 경험한 민중들의 진솔한 바람이 곳곳에 새겨진 장소이기도 하다. 하지만 삼국시대의 산성에서부터 일제강점기의 가슴 아픈 역사까지가 한눈에 펼쳐진 공간은 결코 쉽게 보기 힘들다. 강화 전등사가 중요하고도 친숙한 이유가 바로 여기에 있다.

정족산 사고(鼎足山 史庫)

전등사는 볼 것이 많은 대표적인 사찰이다. 전등사 경내를 둘러보다 강화해협을 뒤로하고 서쪽인 왼쪽으로 가면 전등사 뒤쪽 산과 연결된 작은 오솔길이 놓여 있다. 등산로로도 사용되는 작은 산책로이다. 하지만 이곳으로 가면 중요한 곳이 눈에 들어오는 데 바로 정족산사고史庫다. 조선왕조실록을 포함하여 조선 시대 왕실의 공식적인 문서를 보관하던 네 곳의 외사고外史庫(정족산·태백산·적상산·오대산 사고) 가운데 한 곳이다.

정족산사고가 설치된 계기는 마니산사고摩尼山史庫가 1653년(효종 4) 11월 실록각實錄閣의 실화사건失火事件으로 많은 사적이 불타버리자 새로이 정족산성 안에 사고 건물을 짓고, 1660년(현종 1) 12월에 남은 역대 실록들과 서책들을 옮겨 보관하게 되면서부터다.

1866년 병인양요 때에 강화도를 일시 점거한 프랑스 군대에 의해 정족산사고의 서적들이 일부 약탈되기도 하였다. 사고 건물이 언제 없어졌는지 자세히 알 수 없으나, 1931년에 간행된 『조선고적도보朝鮮古蹟圖譜』에 정족산사고의 사진이 수록되어 있는 것으로 보아 이때까지는 건재했던 것으로 보인다. 사고 건물에 걸려 있었던 '장사각藏史閣'과 '선원보각璿源寶閣'이라 쓰인 현판이 전등사에 보존되어 있다.

이 사고에 보관되어오던 정족산사고본 실록은 많은 변동을 겪었다. 임진왜란 때에 유일본으로 남은 전주사고본이 묘향산사고로 피난했다가 마니산사고로 옮겨졌고, 이 마니산사고본의 실록을 옮겨서 보관, 관리해 오늘에 전해질 수 있게 된 것이다. 현재 정족산사고본 실록은 서울대학교 규장각한국학연구원에서 보존, 관리하고 있다고 한다.

실록을 보관하던 건물인 장사각藏史閣은 2층 누각형태를 하고 있는 전주사고나 오대산사고와는 달리 단층 건물로 지어졌다. 앞면 4칸에 맞배지붕을 한 창고형태의 건물이다. 습기 등으로 문서가 훼손되지 않도록 벽면 아래쪽에 환기구를 두고 있다. 장사각 옆에는 앞면 3칸 규모의 선원보각璿源寶閣을 복원하였다. 이곳에는 왕실의 족보인 선원보를 보관한 것으로 전해진다.

복원한 정족산사고 건물은 외부인에게 개방하지 않아서 현재 관람할 수는 없다. 하지만 산의 경사를 활용해서 지어진 건물도 이색적이고 건물 앞에서 산 아래의 넓은 공간을 내려다보는 풍경 역시 아름답다.

07

오색의 연꽃과 함께
사방으로 퍼진
부처의 마음

| 강화 백련사 – 강화 청련사 – 강화 청련사 목조아미
타여래좌상 – 강화 적석사 – 강화 장정리 석조여래입
상 – 강화 장정리 오층석탑

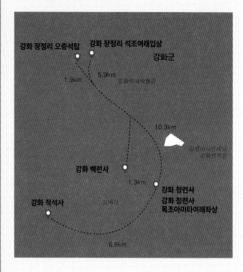

오색연꽃의 중심, 강화 백련사
비구니의 안식처, 강화 청련사
부처의 눈과 손, 강화 청련사 목조아미타여래좌상
낙조에 붉게 물든 부처의 마음, 적석사
부처의 미소가 품은 삶, 장정리 석조여래입상
외로이 시간을 이긴 석탑, 강화 장정리 오층석탑

_____ 강화도江華島. 대한민국의 5대 섬에 속하는 강화도는 '강江'을 끼고 있는 '좋은邑' 고을이라는 뜻이다. 하지만 그 이름에 담긴 뜻과는 달리 실제 역사와 현실에서 강화도는 결코 평화롭지 못하였다. 이를테면 고려 시대에 강화도는 몽골 군을 피해 새롭게 옮겨온 임시수도로 40여 년에 걸친 대몽항쟁의 중심지가 되었다. 시간이 흘러 조선 시대에는 정묘호란丁卯胡亂과 병자호란丙子胡亂을 겪었으며, 구한말에는 병인양요丙寅洋擾와 신미양요辛未洋擾를 경험하였다. 우리를 위협에 빠트린 외세의 날카로운 칼날을 가장 앞선에서 온몸으로 맞으며 버텨온 공간이 바로 강화도다. 바깥으로부터 몰아닥친, 한반도가 경험한 역사적 고난의 흔적들이 곳곳에 새겨진 곳, 강화도가 바로 그런 곳이다. 현재에도 여전히 강화도는 북쪽과 삼엄한 경계를 맞대고 있는 접경지역의 임무를 부여받고 있다.

_____ 강화도가 경험한 역사적 배경들은 강화도 곳곳에 중요한 유적과 공간들을 남겼다. 고인돌, 왕릉과 궁궐, 사찰과 역사 문화재 등, 마치 '지붕 없는 박물관'이라고 칭할 정도로 강화도에는 특색 있는 유적지와 보물들이 숨겨져 있다. 특히 강화도는 서해안 한강 어귀에 있었기에 내륙으로 통하는 진출입로였다. 그래서 바다 바깥으로부터 다가오는 외국 문물이 처음으로 자리하게 되는 공간이었다. 근현대에 들어와서는 천주교와 기독교가 전파되는 통로였고, 그 이전에는 불교 역시 그러했다. 강화도에 교회와 성당, 사찰이 많은 이유가 바로 여기에 있다. 이와 관련하여 강화도에는 이름이 알려지지 않았던 어떤 인도 고승의 이야기가 전해지고 있다.

_____ 고구려 장수왕 4년, 416년에 한 인도 승려가 절터를 찾고 있었다. 그러다가 강화도 고려산의 정상에 이르렀을 때, 그는 색이 다른 다섯 빛깔의 연꽃이 만발한 연꽃 군락지를 발견하였다. 그 인도 승은 오색연꽃을 꺾어서 공중으로 날리고 색이 다른 연꽃이 떨어진 다섯 곳에 사찰을 창건하였다. 하얀 연꽃이 떨어진 곳에 백련사白蓮社, 노란 연꽃이 떨어진 곳에 황련사黃蓮社, 푸른색 연꽃이 떨어진 곳에 청련사靑蓮社, 붉은색 연꽃이 떨어진 곳에 적련사赤蓮社, 검은색 연꽃이 떨어진 곳에 흑련사黑蓮寺를 지었다고 한다. 이 중 적련사가 산불이 자주 난다고 하여 붉을 '적赤'을 쌓을 '적積'으로 바꾸어 적석사가 되었다고 한다. 다섯 절을 창건한 인도 승은 산 이름도 오련산五蓮山이라고 명명하였는데, 후세에 이르러 고려산이라고 부르게 되었다고 한다.

_____ 옛이야기가 후대에 계속 이어지는 이유는 이야기가 단순히 이야기에서 끝나는 것이 아니라 구체적인 현실, 대상, 공간과 결부되어 어떤 믿음까지도 유지되기 때문일 것이다. 연꽃잎이 사방으로 퍼진 것은 강화 곳곳에 부처의 마음이 새겨지길 바라던 당시 사람들의 염원이 반영된 것은 아닐까? 오색의 연꽃잎이 날아간 길을 따라, 그리고 거기에 담긴 부처의 마음을 따라 강화도의 사찰 기행을 마무리해보자.

오색연꽃의 중심,
강화 백련사

　오늘날 강화도의 산 중에서 가장 유명한 산이라고 한다면 해발 472m인 마니산摩尼山을 많이들 꼽는다. 하지만 사실 강화도의 가운데 자리하고 있으며 예전부터 강화도의 진산眞山이라고 불렸던 산은 해발 436m인 고려산高麗山이었다. 고려산 중턱에 자리 잡은 오래된 사찰이 있는데, 바로 백련사白蓮社이다. 설화에 의하면 절터를 찾기 위해 강화도로 건너온 인도 승려가 고려산 정상에서 발견한 다섯 빛깔의 연꽃을 꺾어 공중에 날렸는데 이 중 하얀 연꽃이 떨어진 곳에 세워진 절이 바로 백련사라고 한다.

　이렇게 보면 쉽게 음양오행설陰陽五行說에서 말하는 청색, 적색, 황색, 흑색, 백색의 오방색五方色을 떠올리게 된다. 하지만 이 백련사는 음양오행설과는 크게 관계가 없어 보인다. 청색은 동쪽, 적색은 남쪽, 황색은 중앙, 백색은 서쪽, 흑색은

강화 백련사 전경(© 강화군청)

북쪽과 대응시키는 오방색의 기본 원칙과 백련사의 실제 자리가 맞지 않기 때문이다. 강화도 지도를 놓고 볼 때 백련사는 고려산 가운데에 있으며 동쪽으로 청련사를, 서쪽으로 적련사(적석사)를, 남쪽으로 황련사를 두고 있다.

오늘날 볼 수 있는 백련사의 규모는 그리 크지 않다. 하지만 그 역사는 천년고찰이라는 이름의 무게감을 훌쩍 넘어선다. 백련사는 416년 장수왕 4년에 창건된 것으로 전해진다. 하지만 그 뒤의 역사는 뚜렷하지 않다. 백련사가 다시 역사의 무대에 등장하는 것은 천년이 훨씬 지난 19세기 초반에 이르러서이다.

1806년 순조 6년에 건립한 의해당義海堂 처활대사處活大師의 사리비舍利碑와 부도浮屠가 백련사의 한쪽에서 사찰의 역사를 증명하고 있다. 이후 1881년과 1888년에 벽담碧潭 대규大奎 스님이 조성하여 봉안한 지장보살도地藏菩薩圖, 신중도神衆圖, 칠성도七星圖, 독성도獨聖圖의 불화佛畵들이 오늘날까지 백련사에 남아있다. 1905년 인암忍庵과 박보월朴寶月이 건물을 새롭게 고쳐서 지었다고 전해진다. 그래서인지 오색연꽃이 전하는 아름다운 창건 설화, 그리고 천년이 훌쩍 넘는 백련사의 역사와 비교할 때, 오늘날의 백련사는 이질적인 느낌을 준다. 절의 중심에 있는 극락전極樂殿도, 그 뒤에 있는 스님들의 거처인 요사寮舍도 구한말에 지어진 것들이기 때문이다. 극락전 외부 서쪽 벽에 그려진 오색연꽃의 설화가 괜스레 더 반가운 이유가 바로 이 때문일지도 모르겠다. 오히려 백련사가 전해주는 감흥은 절 입구를 묵묵히 지키고 있는 거대한 고목들에서 절정을 이룬다.

또 한 가지 아쉬운 점은 1989년 보물 제994호로 지정된 '백련사 철조아미타여래좌상鐵造阿彌陀如來坐像'을 다시는 볼 수 없다는 사실이다. 1989년 4월 10일 보물로 지정된 지 1년도 되지 않은 12월 11일 극락전 중심을 지키고 있던 불상이 도난당하는 일이 발생했기 때문이다. 불상은 14세기 후반 내지 15세기 초에 제작된 것으로 알려졌다. 그래서 천년고찰 백련사의 역사뿐만 아니라 강화도의 파란만장한 역사를 묵묵히 지켜봤던 불상을 더는 볼 수 없다는 사실이 아쉽기만 하다.

오색연꽃이 사방으로 흩어진 것은 자비로운 부처의 마음이 강화도 전체에 퍼지길 바랐던 뭇 중생들의 바람을 표현한 것일 테다. 하지만 그 가운데 있어야 할 부처가 자리하지 못하고 있으니 그 소중한 바람이 실현되지 못할 것만 같아 백련사를 내려오는 발걸음이 무거워진다.

비구니의 안식처,
강화 청련사

강화 '청련사靑蓮寺'는 백련사의 오른편인 고려산 동쪽 기슭에 위치한다. 전하는 말에 의하면 청련사 역시 백련사와 마찬가지로 416년에 창건되었다. 현재 대한불교조계종 직할교구 본사本寺인 조계사曹溪寺의 말사末寺이자 강화 유일의 비구니 절이다.

절과 관련된 여러 기록이 남겨져 있으나 백련사와 마찬가지로 청련사의 역사적 기록 역시 19세기에 다시 등장한다. 1821년 비구니 포겸包謙이 폐허로 남은 청련사를 중수重修하였다. 1906년 비구니 계근戒根이 법전을, 1909년 선혜善慧가 산신각을 새로 지었다고 기록되어 있다. 이후로도 일제강점기 동안 청련사 몇몇 건물이 새롭게 고쳐 지어지고 불화가 봉안되었으나 세월의 무게를 견디지 못하였다. 그래서 1979년 4월 주지 비구니 황법우 스님이 고려 건축양식으로 지금의 '큰법당'을 신축하게 된다.

특이하게도 청련사에서는 본당을 대웅전 등으로 부르지 않고, 우리말로 '큰법당'이라는 현판을 달았다. 익숙한 한글로 새겨진 현판이 더욱 친근한 모습으로 다가온다. 이곳에 계신 분들이 비구니라서 그런지는 몰라도 웅장한 본당과는 어울리지 않는 한글 현판에서 세심하고 정겨운 감성이 느껴진다.

불교 역사에서 최초의 비구니는 석가모니의 이모인 마하프라자파티(Mahaprajapati)로 알려져 있다. 물론 우리나라에서 비구니가 된 최초의 인물은 알려지지 않았다. 그런데 청련사의 진정한 아름다움은 큰법당이라는 현판도, 법당 안의 불상도 아닌 청련사를 둘러싸고 있는 거대한 느티나무들이 발산한다. 수령이 500여 년에서 700여 년 사이인 거대한 느티나무들이 청련사 주위를 감싸고 있는데, 이는 마치 양팔을 벌려 우리를 안아주는 어머니의 품 같이 느껴진다.

청련사가 강화 유일의 비구니 사찰이 된 이유는, 불교에 귀의하고자 하는 비구니들의 소박하지만 강인한 믿음을 닮은 느티나무들이 이곳에 있어서인지도 모른다. 절 입구에서 사찰의 전경을 한눈에 담아보려고 하니, 비구니들의 거룩한 수행이 청련사 주위 느티나무 숲길 사이사이에 촘촘히 새겨져 있음을 느낄 수 있다. 산은 산대로, 절은 절대로, 그 주위를 둘러싼 나무와 숲은 그것 그대로 어머니의 포근한 품속에서 그 고유한 아름다움을 간직하고 있는 것처럼 보인다. 부처의 자비와 인자함이 더불어 전해져오는 것은 이 절이 주는 또 다른 포만감이다. 다른 대형 사찰에서는 결코 쉽게 느낄 수 없는 감정인 것은 물론이다.

부처의 눈과 손,
강화 청련사 목조아미타여래좌상

불교 경전인 『법화경法華經』과 『유마경維摩經』에 의하면 푸른 연꽃인 '청련靑蓮'
은 '부처님의 눈'에 비유된다. 이 경전들에서 부처의 눈은 공대하고 정갈하며 깊
고 넓은 것으로 표현된다. 여기서 부처의 '정갈하고 깊고 넓은 눈'은 고통받는 뭇
중생의 아픔을 자비롭게 어루만진다. 불교의 가장 큰 매력은 이렇듯 지친 우리들
의 다치고 헌 마음을 따뜻하게 해주는 자비심에 있는지도 모른다. 청련사의 큰법
당에 자리하고 있는 불상이 사뭇 다르게 보이는 이유는 바로 이와 같은 '청련'의
의미 때문이다.

청련사 큰법당에 자리하고 있는 불상은 2012년 보물 제1787호로 지정된 '강
화 청련사 목조아미타여래좌상木造阿彌陀如來坐像'이다. 발원문發願文 등 불상 제작과
관련된 문서는 남아있지 않아 정확한 조성연대는 알 수 없다. 그러나 형태나 표현
방식으로 보았을 때 13세기에 만들어진 것으로 추정된다. 실제로 청련사가 만들
어졌을 때부터 모셔졌다고 전해지고 있어, 몽골 군의 침입을 피해 고려 왕조가 강
화도로 천도한 1232~1270년 사이에 조성되었을 가능성이 큰 것으로 알려져 있
다. 그렇다면 이 청련사 불상의 눈에 새겨졌던 것은 무엇이었을까?

1225년 몽골 사신 저고여著古與가 압록강에서 피살되자, 몽골은 국교를 단절
하고 1231년 고려를 침입하였다. 고려가 몽골의 침입에 대항하기 위해 수도를
개경에서 강화도로 옮긴 1232년부터 환도한 1270년까지 몽골은 고려와 일곱 차
례나 전쟁을 치른 뒤 화친을 맺었다. 강화講和의 조건 중에는 강화도의 궁궐과 성
벽을 모두 허문다는 조항이 있었다. 결국 강화도에 있던 전각과 성곽은 사라졌다.
백련사도, 청련사도 창건 이후의 역사적 기록이 남아있지 않은 것은 아마도 이와
연관될지도 모른다.

강화 청련사 목조아미타여래좌상
(ⓒ 문화재청)

외세가 일으킨 전쟁의 화마火魔는 강화도의 여러 건물뿐만 아니라 여기에서 삶의 터전을 이루고 살아왔던 민초에게도 말로 표현할 수 없는 고통을 전해주었다. 그리고 강화의 고려인들이 몽골 군에 맞서 40여 년을 항쟁하는 동안 그 고난과 아픔들은 청련사 목조아미타여래좌상의 눈에 고스란히 새겨졌을 것이다. 오랜 기간 지속된 전쟁이 민초에게 전해준 고통과 고난, 그 상처들이 부처의 눈에는 어떻게 보였을까.

청련사 큰법당에 자리하고 있는 부처의 전체 모습을 천천히 살펴본다. 단아하고 근엄한 인상이지만, 앞으로 살짝 숙인 자세가 중생들을 굽어살피려는 태도를 보이는 것 같아 살갑게 느껴진다. 또 얼굴 쪽으로 눈을 돌리니 살짝 올라간 눈꼬리가 보인다. 위압적이지 않고 편안함을 준다. 고려 불교미술의 우아하고 세련된 아름다움이 선명하게 녹아든, 완성도 있는 작품이라는 평가가 결코 허투루 들리지 않는다.

하지만 이 불상의 진정한 아름다움은 단순한 문화재적 가치에만 있지 않다. 몸쪽으로 눈을 내려 '중품하생인中品下生印'을 맺고 있는 수인手印을 보니 드디어 이 부처의 진심이 고스란히 전해져 오는 게 느껴진다. 중품하생인은 극락왕생할 수 있는 여러 중생 중에서도 중간 단계인 '10 악惡을 저지르지 않고, 부모에게 효도하고 덕행을 쌓은 사람'이 태어나는 극락세계를 의미한다. 이렇듯 가장 일반적인 사람들을 극락왕생시키고자 하는 간절한 마음을 담고 있다는 것이야말로 이 불상의 참된 아름다움일 것이다. 부처는 고통이 가득한 전쟁의 참화 속에서 살과

강화 청련사 목조아미타여래좌상 수인
(© 문화재청)

뼈와 육신이 쩍쩍 갈라지는 중생을 지켜보면서, 비참한 전화 속에 속절없이 희생당한 이들의 극락왕생을 빌었으리라.

돌이켜 보면 한반도의 역사는 가장 최근인 한국전쟁에 이르기까지 고난과 전쟁의 역사가 아니었던가. 한반도 곳곳에 크고 작은 사찰이 자리하게 된 것도 어쩌면 민초의 삶을 파괴하는 고통과 고난 때문이 아니었을까? 강화 청련사 목조아미타여래좌상을 뒤로 두고 법당을 나오면서 마음속 염원을 빌어본다. 강화도를 넘어 오늘날 한반도 전역에서 끝나지 않는 동족상잔의 비극으로부터 역사적 아픔과 고통을 겪고 있는 우리들의 궁핍한 삶을 치유의 손길로 어루만져달라고.

낙조에 붉게 물든 부처의 마음,
적석사

백련사, 청련사와 함께 오늘날 그 역사와 흔적을 보존하고 있는 고려산의 사찰은 '적석사積石寺'다. 적석사 역시 백련사, 청련사의 창건 설화를 공유하고 있다. 오색의 연꽃 중에서 바로 붉은색의 잎이 떨어진 곳에 세워진 절이 바로 당시의 적련사赤蓮寺, 오늘날의 적석사이기 때문이다.

설화에 의하면 적련사에 불이 자주 나서 불을 연상시키는 '적赤'자를 지우고 쌓을 '적積'으로 고쳤다고 한다. 그리고 이후 적석사積石寺로 바꿔 불렀다고 전해지고 있다. 1232년 고려가 강화도로 천도하면서부터 강화 오련산의 이름 역시 고려산으로 바뀌었다고 하니, 설화와는 달리 아마도 이 무렵에 절 이름도 바뀌지 않았을까 짐작해본다. 그런데 이름이 바뀐 적석사는 고려산의 다른 사찰과 비교할 때 그 역사가 좀 더 분명하게 기록되어 있다. 백련사와 청련사가 천여 년을 훌쩍 뛰어넘어서야 역사 속에 다시 등장했던 것에 반해 이 적석사는 13세기 고려 시대와 16세기 조선 시대의 기록에 남아있다.

적석사를 오르는 길목 오른쪽에 자리한 적석사 사적비事蹟碑는 조선 숙종인 1714년에 건립된 것으로서 사적비의 비문을 통해 적석사의 역사를 엿볼 수 있다. 전체 높이가 394cm이고 비신의 높이 304cm, 너비 69cm인 적석사 사적비에는 불교의 전래, 사찰의 중건과 중수 과정, 몽골침입 때 임금의 거처였다는 기록 등이 남아있다. 이 외에도 적석사에 대한 기록은 구한말에 만들어진 『전등본말사지傳燈本末寺誌』, 『강도지江都志』에서도 찾을 수 있는데 '고려 고종 39년에 완성된

강화 적석사 전경(© 강화군청)

강화 적석사 낙조대 전경(© 강화군청)

팔만대장경八萬大藏經의 경판을 적석사에 두었다가 백련사, 전등사傳燈寺를 거쳐 해인사海印寺로 이송했다'라는 기록이 남아있다.

하지만 오늘날 이곳 적석사를 가장 특색 있게 만드는 것은 이곳에 잠시 보관되었던 세계적인 불교문화 유산인 팔만대장경도 아니다. 또한, 이곳의 건축과 보물도 아니며, 여러 왕과 왕족들이 머물렀다는 기록도 아니다. 또한 변란의 조짐이 생기면 우물이 마르거나 물이 흐려져 마실 수 없게 되었다고 전하는 적석사 내 우물터인 감로정甘露井도 아니다. 그것은 바로 '적석낙조積石落照'라고 불리는, 적석사의 산마루에서 바라보는 석양이다.

적석사 종각 옆 작은 돌계단들을 따라 얼마 오르지 않은 곳에 고려산 낙조대落照臺가 있다. 낙조대에 올라서니 해수관음보살海水觀音菩薩이 앉아 있는 좌상이 보인다. 낙조대의 부처와 눈을 맞추고 부처가 바라보는 눈길을 따라가 본다. '바닷가에 있는, 또는 바다를 바라보는 관세음보살'을 의미하는 해수관음보살의 눈길을 따라가니 강화도 내 저수지와 서해가 한눈에 들어온다. 여기에 그치지 않고 그보다 조금 더 멀리 눈길을 주니 강화의 산과 바다를 넘어, 석모도를 비롯한 서해의 여러 섬 역시 장엄한 광경으로 두 눈앞에 자리한다.

이곳 낙조대에서 바라보는 일몰은 마치 바다에 붉은 연꽃이 피어나는 것처럼 보인다. 동시에 낙조에 아로새겨진 부처의 자비로운 마음이 느껴지는 것 같다. 그래서 우리를 둘러싼 자연과 모든 생명에 대한 경건한 마음이 충만해진다. 결국, 해수관음보살의 눈과 우리들의 눈에 담긴 일몰의 장관은 같은 것이다. 그러니 '내가 곧 부처고, 부처가 곧 나'일지도 모른다는 생각이 든다. 이곳에 서서 부처의 자비로운 마음처럼 나 역시 뭇 중생의 평안과 안녕을 바라본다.

부처의 미소가 품은 삶,
장정리 석조여래입상

그런데 강화에는 인도 승려의 오색연꽃 설화뿐만 아니라, 고려 시대의 역사와 관련되어 오늘날까지도 전해지는 수많은 설화가 있다. 특히, 백련사, 청련사, 적석사의 창건 설화와 연결되는 오색연꽃 설화와 비슷한 설화가 전해지고 있다. 그것은 하음河陰 봉씨奉氏 시조인 봉우奉佑의 탄생 및 강화 봉은사奉恩寺의 창건과 관련된 설화다.

고려 예종睿宗(1079~1122) 1년인 1106년에 한 노파가 연못가에서 빨래하고 있었다. 그때 갑자기 오색 무지개가 비추고 연못에서 비단에 쌓인 옥동자를 실은 함函 하나가 올라왔다. 노파는 신기해하며 임금에게 이 아이를 바쳐 궁궐에서 자라게 하였는데, 왕은 노파가 봉헌하였다는 뜻에서 아이의 성을 '봉奉', 국가를 보우할 인재라 하여 이름을 '우佑'라 하였다. 이 소년은 10세에 등과한 후 고려 조정에서 높은 벼슬에 올랐다. 이후 5대손 봉천우奉天祐가 정승正承이 되어 조상의 은공恩功을 기리기 위해 사찰을 짓고 봉은사奉恩寺라 이름 지었다. 또한 그 노파의 은 공을 받들기 위해 오층석탑을 쌓고 석조여래입상을 새겨 매년 제사를 올렸다고 한다.

봉은사는 원래 고려 광종 2년인 951년에 개성에서 창건된 국가 사찰로서 태조太祖 왕건王建의 초상화를 봉안하였다고 전해진다. 또한, 1232년에는 몽골의 침입을 피해 수도를 강화로 옮기면서 개성 봉은사와 같은 이름의 절을 이곳 강화에 세웠다고 한다. 그런데 여기에 왜 봉우의 탄생 설화를 봉은사 창건 설화와 결합했는지는 알려진 바가 없

강화 장정리 석조여래입상(ⓒ 문화재청)

다. 어찌 되었건 강화 화점면 봉천산奉天山에는 이러한 봉우의 탄생 설화와 관련된 고려 시대 석조불상인 강화 장정리 석조여래입상石造如來立像이 천년의 역사를 묵묵히 견뎌내고 있다.

전하는 여러 이야기를 종합할 때, 이 석조여래입상은 고려 시대에 지어진 봉은사 내부에 세워져 있었을 것으로 여겨진다. 하지만 봉은사는 강화를 휩쓸고 간 수많은 전쟁 그리고 천년 역사의 무게를 견디지 못한 채, 결국 석조여래입상만을 남겼을 것이다. 그래도 보물 제615호 지정되어 많은 이들의 발걸음을 이끌고 있으니 그 외로움이 크지는 않을 것으로 보인다.

석상각石像閣이라는 전각 안에 전체 높이 326cm에 이르는 큼직한 불상이 세워져 있는 모습이 한눈에 들어온다. 가까이에 가보니 눈과 비, 바람에 맞선 세월의 흔적이 불상 곳곳에 새겨져 있음을 알 수 있다. 이 세상 무엇보다도 세월만큼

무거운 게 있기나 할까? 거대한 돌에 경건한 불심佛心으로 새긴 부처의 얼굴 역시도 세월의 흔적에 따라 옅어져 있었다. 하지만 여전히 우리들의 눈길을 사로잡는 것은 둥근 얼굴에 살짝 미소를 띤 부처의 모습이다. 일반적으로 석조여래입상은 어깨선이 좁고 둥글어서 움츠러든 모습이라고 한다. 그런데 그런 움츠러든 모습과 달리 부처의 얼굴에는 중생들이 편안하게 다가가 기댈 수 있는 소박한 웃음이 가득하게 걸려 있으니, 이 어찌 기막힌 대비가 아니겠는가? 어쩌면 이 모습이야말로, 약한 자들, 억눌린 자들과 함께 하는 부처의 마음일 것이다.

몽골 군을 피해 수도를 옮긴 고려의 슬픈 역사. 그리고 그들의 침입에 맞서 40여 년을 지켜온 참혹한 항쟁 속에서 강화의 고려인들은 부처의 미소를 통해 자신들의 의지와 희망을 지켜왔을 것이다. 강화의 역사적 슬픔이, 둥근 얼굴의 살짝 띤 미소를 통해 어루만져졌을 것으로 생각하니, 강화 곳곳에 퍼진 부처의 마음이 새삼 고맙고 뜨겁게 느껴진다.

외로이 시간을 이긴 석탑,
강화 장정리 오층석탑

여러 색의 연꽃과 함께 사방四方으로 퍼진 부처의 마음을 따라 걷는 강화 사찰 기행의 마지막 장소는 '강화 장정리 오층석탑五層石塔'이다. 강화 장정리 석조여래입상과 같은 설화와 역사를 공유하는 이 오층석탑 역시 장정리 석조여래입상과 같은 고려 시대에 건축된 석탑이다. 흔히들 봉은사지奉恩寺址 오층석탑五層石塔이라고도 불린다. 오늘날 역사적·예술적·학술적 가치가 큰 유형 문화재는 국가가 보물로 지정한다. 이 오층석탑은 1963년 보물 제10호로 지정되었다. 보물 제10호라는 이름에서도 알 수 있듯이, 강화도에 수많은 역사 유물 중에서 가장 먼저 그

가치를 인정받아 보물로 지정된 유물이라고 할 수 있다.

하지만 이 오층석탑은 국가가 지정한 보물로 평가되는 다른 탑과 비교할 때 사뭇 다른 느낌을 준다. 가까이서 보니 파손된 곳도 많고, 없어진 곳도 많으며, 여타의 형식미를 배제한 투박한 느낌이 든다. 오층석탑이라는 이름처럼 1층 기단基壇 위에 5층의 탑신塔身을 올렸지만, 3층 이상의 몸돌과 5층에 놓여야 했을 지붕돌은 보이지 않는다. 그래서 마치 쓰러진 탑에서 몇 개의 돌을 미처 다 챙기지 못한 채, 누군가가 다시 쌓아 올린 느낌이다. 알고 보니 실제로 무너졌던 것을 1960년에 수리해 다시 세웠다고 한다. 안타까움이 물밀듯이 밀려온다.

하기야 한국전쟁이 끝난 지 얼마 되지 않은 1960년, 외딴 섬 강화에서도 인적이 드문 어느 야산에 볼품없이 쓰러져 있었을 탑이었다. 이를 떠올리니 그 소홀함을 묵묵히 견뎌온 것만으로도 감사할 뿐이다. 이런 생각을 하면서 탑을 바라보니 아까와는 조금 달리 보이기 시작한다.

볼품없이 작고 낮게 놓인 탑의 기단부를 보완하고자 1층의 탑신은 상대적으로 거대한 두 개의 돌을 맞춰 만들어졌다. 어느 탑에서나 쉽게 볼 수 있는 장식물 역시 하나도 없다. 하지만 1, 2층의 탑신이 3층 이상의 탑신을 짊어지고 있는 모습이 또 다른 균형미를 느끼게 한다. 더욱이 절터나 다른 건물들 없이 오직 오층석탑만이 외로이 서 있는 모습에서는 또 다른 비장미가 전해진다. 고려 후기에 만들어졌다는 평가에 따르면, 얼추 600여 년을 넘는 시간 동안, 오층석탑은 강화의 역사와 함께 이 자리에 서 있었을 것이다. 결국, 강화 장정리 오층석탑이 다른 불교 유적들보다도 더 각

강화 장정리 오층석탑

별하게 느껴지는 이유는, 이 탑이야말로 강화의 실제 역사를 담고 있으며, 나아가 강화에 있었던 고난의 역사와 닮아서였기 때문이었다.

오색의 연꽃과 함께 사방으로 퍼진 부처의 마음을 따라갔던 강화의 사찰 답사 길은 이렇게 마무리되었다. 황黃, 청靑, 백白, 적赤, 흑黑의 다섯 가지의 색은 색상의 의미를 넘어 우리 삶의 다양한 모습을 대변할지도 모른다. 낯선 강화의 사찰 기행이 친숙하게 느껴졌던 것은 우리의 삶과 강화 사찰들이 오랫동안 깊고 단단하게 연결되어왔음을 확인할 수 있었기 때문이다.

장정리 석조여래입상의 모습

석조여래입상은 입상 주위를 둘러싼 돌담과 전각 안에 놓여 있다. 3미터 정도에 이르는 화강암 판석에 새겨진 부처의 모습은 여타의 그것과 꽤나 다르다. 이 석조여래입상과 관련해서 전각에 걸려진 편액扁額에 쓰여진 기록에 따르면 하음 봉씨를 도와준 할머니를 기리고 그녀의 모습을 빌어 만들어졌다고 한다. 그래서 그런지 이 석조여래입상의 가장 큰 특징인 '둥근 얼굴과 미소'가 마치 할머니처럼 보인다. 또한 상체에 새겨진 보편적인 불상들의 표현법과는 조금 달리 하반신은 매우 간략하게 처리되어 있어 전체적으로 이채롭다. 석조여래입상의 뒤편에는 하음 봉씨 시조인 봉우의 묘소와 사적비가 있어서 이 입상이 마치 봉우 묘소를 지켜주는 느낌을 전해주기도 한다.

08

대몽항쟁의 시작과 종결, 그들의 자취가 남긴 역사

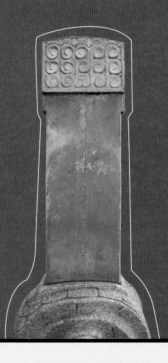

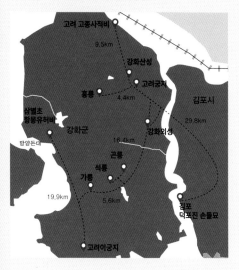

_____ 근세까지 한반도는 외세로부터 수많은 침략을 당하였다. 가까운 시대로부터 거슬러 올라가면 일제강점기의 식민지배로부터 시작해 근대 개항 시기 병인양요, 신미양요를 겪었다. 조선 중기에는 병자호란과 임진왜란 등을 겪었으며 조선 이전 고려 시기에도 몽골, 거란, 여진 등과의 전란에 시달렸다. 특히 강화도는 이런 전란의 한 가운데 놓여 있었다. 근대 개항 시기에는 외세가 침략하는 교두보로서 최전선이 되기도 하였다. 그리고 조선의 병자호란과 고려의 몽골침략에서는 이와 반대로, 피신한 왕이 최후 전선을 구축한 진지 구실을 하였다.

_____ 1225년 몽골 사신 저고여蕃古與가 압록강에서 피살되자 몽골은 국교를 단절하고 고려를 침입했다. 그때가 1231년이었다. 전쟁을 피하고자 했던 고려는 몽골 군에게 싸움을 멈추는 '강화講和'를 요청하였다. 그런데 몽골 군은 철수의 조건으로 자신들이 점령한 지역에 몽골인 관리자 72인을 두어야 한다며, 고려에 대한 지배 야욕을 드러냈다.

_____ 이에 1232년 당시 고려 무신정권의 권력자였던 최우崔瑀(?~1249)는 몽골 군과의 결사 항전을 결심하였다. 이를 위해 수전水戰에 약한 몽골 군과 싸우기 유리한 강화도로 조정을 옮기고 이곳에 진지를 구축하였다. 그 후 강화도는 1259년 평화조약을 맺기까지 전쟁터가 되었고, 고려 조정도 1270년이 되어서야 비로소 개성으로 돌아갈 수 있었다. 대몽항쟁對蒙抗爭의 시작과 끝, 강화에 새겨진 역사적 장면들을 따라가 보자.

김포 덕포진 손돌묘,
죽으면서도 왕을 지킨 뱃사공

몽골에 대항했던 강화도의 역사는 강화도와 경계를 맞대고 있는 김포의 끝자락에서부터 시작된다. 김포시 대곶면 덕포진 북쪽 해안 언덕에는 덕포진德浦鎭 손돌묘孫乭墓가 있다. 손돌孫乭(?~?)은 고려 시대의 인물로, 대몽항쟁과 관련된 비극적인 설화의 주인공이다.

하지만 조선 후기와 일제강점기 때까지만 하더라도 이곳 사람들은 이 묘의 주인을 손돌공孫乭公으로 받들며 제사를 지냈다고 한다. 조선 시대 각 지방의 풍속을 정리한 여러 책의 기록에 의하면 손돌은 고려 고종高宗(1192~1259)이 1232년 제2차 몽골 침입으로 수도를 개경에서 강화도로 옮길 때 뱃길을 안내하던 뱃사공이었다. 이곳에서 기록된 고려 고종과 손돌의 이야기는 다음과 같다.

고종이 강화도로 건너가기 위해 김포 대곶면에서 배를 탔다. 그 배의 뱃사공이 손돌이었다. 그런데 손돌이 가까운 직선 방향이 아니라 비스듬한 사선 방향으로 배를 몰자 고종은 손돌이 다른 마음을 먹은 것이 아닌지 의심했다. 이에 손돌

덕포진 손돌묘

은 "보기에는 앞이 막힌 듯하나 좀 더 나아가면 앞이 트이오니 폐하께서는 괘념치 마옵소서"라고 말하였다.

그러나 마음이 초조한 고종은 그의 목을 베라고 명하였다. 손돌은 죽어가면서도 뱃길에 바가지를 띄우고 그걸 따라가면 강화도에 무사히 도착할 것이라는 충언忠言을 남겼다. 그의 말대로 배는 무사히 강화도에 도착하였다. 고종은 자신이 경솔했음을 깨닫고 이곳을 '손돌목'이라 칭하면서 그를 기리는 손돌 사당을 지어 제사를 지내게 하였다. 그런데 그가 죽은 음력 10월 20일이 되면 해마다 강화해협江華海峽에는 매서운 칼바람이 불어왔다고 한다. 그래서 사람들은 이 바람을 손돌의 억울한 죽음이 일으키는 바람이라 하여 '손돌바람'이라 하고, 이 추위를 '손돌추위'라고 불렀다.

왕에게 극진하게 충성을 바치고 죽어간 사람들에 관한 이야기는 무수히 많다. 손돌과 고종의 이야기도 그중 하나다. 손돌이 배를 직선이 아니라 사선으로 몬 것은 강화해협 물살이 너무 강해 이를 직선으로 거슬러 올라가면 배가 전복될 가능성이 있어서다. 그래서 물살의 흐름을 살려 사선으로 배를 몰았고, 이후 죽어가면서도 바가지를 띄우고 흘러가는 방향으로 배를 몰아가라고 말하였다.

물론 억울하게 죽어가면서까지 왕을 지키고자 했던 어느 뱃사공의 이야기를 오늘날의 관점으로 이해하기란 쉽지 않다. 하지만 과거에는 그 자체로 통용되던 과거의 방식이 있었다. 손돌의 이야기가 지금도 사람들에게 감동을 주는 것은, 그의 충성심이 아니라 죽어가면서도 의리를 저버리지 않고, 진실을 그대로 알려주고자 했던 곧은 마음일 것이다.

고려 고종 사적비,
무기력한 왕의 자취

김포 덕포진을 떠난 고려 고종 일행은 김포와 강화도 사이의 좁은 길을 따라 북으로 올라가 강화도의 어떤 장소에 도착하게 된다. 전하는 이야기에 의하면 고려 고종이 개경을 떠나 강화도로 온 날은 1232년 음력 7월 6일이었다고 한다.

손돌이 고종의 의심을 사서 죽게 된 날도 이날이었을 것이다. 손돌이 목숨을 바쳐가면서 건너가고자 했던 장소이자, 고려 고종이 처음 도착한 장소가 바로 강화군 송해면松海面 당산리堂山里 옛 승천포昇天浦였다. 지금 이곳에는 송해면 주민들이 기금을 모아 1999년에 건립한 고려 고종 사적비事跡碑가 세워져 있다.

고려 고종은 1192년에 태어나 1213년 왕위에 올랐으며 1259년에 죽었다. 하지만 이 당시 고려의 왕들은 실권이 없는 허수아비 왕에 불과했다. 실권은 무신들이 장악하고 있었다. 그는 1213년 왕이 되었지만 고려 무신정권의 권력자 최씨 집안의 꼭두각시였다. 왕이 된 지 45년 만인 1258년, 최 씨 무신정권의 마지막 집권자였던 최의崔竩(?~1258)가 살해되면서 무신정권은 끝이 났다. 하지만 고종은 다음 해 세상을 떴다. 고종의 재위는 최 씨 무신정권과 몽골 군의 침입으로 얼룩졌다. 고종은 몽골의 침입을 피해 강화도로 수도를 옮기고 그곳에서 28년 동안 몽골에 맞서 싸웠지만, 결국에는 강화를 맺어야 했다. 강화 협정에 따라 태자 왕전이 원나라에 입조하러 간 사이 몸이 좋지 않아서 신하 유경의 집에 머무르고 있다가 결국 1259년 6월 30일에 파란만장한 생을 마쳤다.

고려 고종 사적비는 거북이 모양의 기단부 위에 직육면체의 대리석을 세웠고, 다시

고려 고종 사적비 안내판

고려 고종 사적비 안내판

그 위에는 용머리 모양의 비석 덮개를 올려놓은 형태다. 사적비 앞 바닷가에는 철 조망이 둘러쳐져 있어서 접근이 막혀 있다. 이곳은 바다 건너편이 북쪽인 접경지 역이기 때문이다. 그래서일까. 철조망이 주는 긴장감이, 강화천도江華遷都의 첫 도 착지이자 28년간의 대몽항쟁이 시작된 장소라는 느낌을 압도하는 듯하다. 과거 의 역사가 그만큼 우리의 기억으로부터 퇴색되었다면, 분단의 현실은 현재를 지 배하는 일상이기 때문이리라.

강화산성·강화외성,
강화의 안팎을 두른 성

몽골 군의 침입은 일반 백성들에게 이루 말할 수 없는 고난과 고통이었다. 고 려 무신정권의 권력자였던 최우는 강화도로 수도를 옮기기로 한 다음 날 군대를 강화도로 보내 궁궐을 짓게 하였다. 동시에 내성內城, 중성中城, 외성外城으로 이루 어진 강화산성江華山城을 쌓도록 하였다. 궁궐과 성을 쌓는 노역에 동원된 것은 군

강화산성 남문

강화산성 중문

대만이 아니었다. 전하는 이야기에 따르면 전국에서 수많은 이들이 끌려와 강화도의 험한 산들을 따라 성을 쌓았다고 한다. 이렇듯 강화도에 쌓인 성들은 백성들의 피와 땀, 눈물과 고통이 담긴 역사적 공간이었다.

고려 왕실의 궁궐과 함께 1234년에 완성된 내성은 1.2km의 토성土城으로서 현재 강화성이라 불린다. 또한 중성은 내성을 지키기 위해 1250년에 지은 둘레 약 9km의 토성이고, 외성은 1233년부터 강화도 동해안을 따라 쌓은 토성이다. 애초 고려 조정은 강화도 전체를 세 겹의 성으로 둘러쌓아 거대한 요새로 만들고자 했다. 내성이 완공되기도 전인 1233년 강화도 동해안을 방어하기 위한 길이

강화산성 남문 앞 김상용선생순절비

23km의 거대한 토성인 강화외성을 쌓았다. 그리고 1237년에 강화외성을 완공하였다. 강화외성은 바다를 건너 공격해오는 몽골 군을 막아낼 수 있는 가장 중요한 방어시설이자, 정부가 육지로부터 물자를 지원받는 데 필요한 진지였다.

그런데 고려와 몽골이 화친을 맺으면서 몽골은 이전에 쌓은 강화산성을 모두 허물 것을 요구하였다. 그래서 고려는 수도를 다시 개성으로 옮긴 후, 1270년 백성들의 피와 땀으로 쌓은 산성을 모두 허물었다. 이곳에 다시 강화산성을 쌓은 것은 조선 시대에 와서다. 조선의 조정은 원래의 강화산성을 복원해 다시 짓고, 계속해서 보수와 확장공사를 진행해 현재의 강화산성을 구축하였다. 17세기 초반 다시 지어진 강화산성은 1636~1637년의 병자호란을 거치면서 또다시 크게 파괴되었다.

오늘날 우리가 볼 수 있는 강화산성과 강화외성은 17세기 후반 다시 지어진 것이다. 강화산성의 내성과 연결된 4대문 중 남문인 안파루晏波樓 앞에는 현재 강화읍 관청리로 옮긴 김상용선생순절비金尙容先生殉節碑가 있었다. 김상용金尙容(1561~1637)은 1637년 병자호란 때 강화성이 청군에게 함락되자 성의 남문루에 있던 화약에 불을 지른 후 순절하였다. 그의 충절을 기려 이곳에 김상용선생순절비를 세우고, 선원면에 자리한 충렬사에 그의 위패를 모시었다.

또한, 내성의 서쪽 문인 첨화루瞻華樓의 건너편에는 1876년 일본 제국주의와의 불평등조약인 '강화도조약'을 체결한 연무당演武堂 옛터가 있다. 동문인 망한루望漢樓는 병인양요 때 프랑스군에 의해 훼손되었다가 2003년에 복원된 장소이기도 하다. 이처럼 강화산성에는 역사의 아픈 기억들이 아로새겨져 있다.

강화 고려궁지,
흔적으로만 남은 고려의 궁

강화 고려궁지高麗宮址는 고려가 몽골의 침입에 대항하기 위해 수도를 강화도로 옮긴 1232년부터 다시 개경으로 돌아간 1270년까지 사용된 고려의 궁궐터다. 수도를 개경에서 강화로 옮긴 과정은 어떻게 보면 백성의 고혈을 짜내며 그들에게 고통을 강요하는 과정이기도 했다. 하지만 동시에 다른 한편으로 외세의 침입에 맞서고자 하는 의지의 표현인 것도 사실이었다.

고려는 지속해서 외부 세력의 침입에 시달렸다. 10~11세기에는 거란족의 침략이 있었고, 12세기에는 여진족과 싸워야 했으며, 13세기는 몽골의 침략에 맞서항쟁을 벌여야 했다. 그뿐만 아니라 14세기에도 홍건적과 왜구의 침략을 견뎌내

고려궁지 외규장각

고려궁지 전경

야만 했다.

기록에 의하면 고려궁지는 1234년 준공되었다. 다행히도 이곳에서 몽골 군과의 직접적 전투는 없었지만, 1270년 고려 왕실이 개경으로 환도할 때, 몽골의 요구에 따라 모두 해체되었다. 오늘날 우리가 볼 수 있는 것은 대부분 조선 시대를 거쳐 현대에 복원된 것이다. 그래서인지 고려궁지 안의 건물들도 고려 궁궐과 직접적인 관련이 없다. 강화 성문을 여닫을 때 사용했던 강화동종江華銅鍾, 행정책임자인 유수留守가 업무를 보던 동헌東軒과 행정실무자인 경력經歷이 업무를 보던 이방청吏房廳, 복원된 외규장각과 승평문 등 모두 조선 시대의 유물이다.

강화 홍릉,
북으로 가지 못한 고려왕의 무덤

신분제 사회에서 사람들은 죽은 이후에도 사람들의 신분에 따라 묘지의 명칭을 다르게 부르고 주검을 안치하는 방식에도 차별을 두었다. 이를테면 능陵은 왕과 왕비의 무덤이고, 원園은 왕세자와 왕세자빈 또는 왕세손과 왕세손비의 무덤이다. 묘墓는 왕위와 상관없는 왕족의 무덤이다. 또한, 흔하지 않은 총塚은 왕으로 확인되지 않는 권력자의 무덤을 의미하는 용어로 사용된다. 강화도에는 조선 시대 학자와 문인들의 무덤 이외에도 고려 시대 왕족들이 묻힌 무덤들이 많다.

고려에는 태조 왕건王建(877~943)으로부터 시작해 공양왕恭讓王(1345~1394)까지 모두 34명의 왕이 있었다. 고려의 도읍이 개성이었던 까닭에 오늘날 고려왕릉은 거의 대다수 북쪽 개성 근처에 있다. 하지만 남쪽 지역에서도 고려왕릉이 발견되었는데, 그들 대다수가 강화도에 있다. 1231년부터 1270년까지 대몽항쟁 동안 이곳이 수도였기 때문이다.

강화 홍릉 전경(© 문화재청)

강화도에는 고려 고종의 무덤인 홍릉洪陵 이외에도 21대 희종熙宗(1181~1237)의 묘인 석릉碩陵이 있다. 그리고 22대 강종康宗(1152~1213)의 두 번째 왕비이자 고종의 어머니 원덕태후元德太后(?~1239)의 무덤인 곤릉坤陵, 24대 원종元宗(1219~1274)의 왕비 순경태후順敬太后(?~1236)가 묻힌 가릉嘉陵 등이 있다.

고려 고종 사적비로부터 강화도 내륙 중심부로 한 시간 정도, 남서쪽으로 내려오면 강화 홍릉을 볼 수 있다. 강화 홍릉은 바로 이 비극적인 이야기들의 주인공인 고종의 무덤이다. 고려왕릉은 대부분 한반도의 북쪽 지역에 있다. 이에 비해, 고종은 강화에서 죽었기 때문에 남쪽인 이곳에 왕릉을 남겼다. 몽골의 침입으로 국토가 초토화되고 많은 사람이 죽었다. 그것은 백성의 어버이를 자처했던 고종에게도 커다란 고통이었을 것이다. 고려는 불교의 나라였다. 그는 불교의 힘을 빌려 몽골의 침입을 막고자 하였다. 1236년부터 1251년까지 16년간에 걸쳐 고려대장경高麗大藏經을 만든 것은, 바로 이런 불심을 담은 대작업이었다.

하지만 그는 끝내 개경으로 돌아가지 못했다. 몽골과의 전쟁도 끝내지 못했고, 여기서 비운의 삶을 마감하였다. 비운의 왕이었던 그의 삶을 반영하듯, 홍릉의 크기는 4m 징도로 다른 왕릉에 비해 작다. 또한, 무덤 주위를 지키고 있던 석수石獸와 장식물들 역시 험난했던 항몽의 역사처럼 세월이 흐르면서 하나둘 사라지고 말았다. 하지만 외세 침략에 대항했던 강화도의 슬픈 역사는 고려 왕들만이 겪은 일은 아니다. 그보다 더 큰 고통을 겪은 이들은 강화도 밖 나라 곳곳에서 긴 세월 몽골에 짓밟히고 수탈당해야 했던 백성들이었다.

강화 석릉·곤릉·가릉,
초라한 고려 왕들의 무덤

고려의 중앙권력을 장악한 무신정권은 의종을 폐위한 후, 명종明宗(1131~1202), 신종神宗(1144~1204), 희종熙宗(1181~1237), 강종康宗(1152~1213), 고종高宗(1192~1259), 원종元宗(1219~1274) 등을 차례로 왕위에 올렸다. 이처럼 왕위가 자주 바뀐 데에는 배후에 무신정권과 고려 왕실 간의 보이지 않는 싸움이 있었기 때문이다. 대표적으로 희종은 무신정권의 권력자 최충헌崔忠獻(1149~1219)을 암살하고자 하였으나 실패하여 폐위되고, 강종이 뒤를 이었다. 무신정권은 왕을 자기 마음대로 하고자 했으며, 자신들의 말을 듣지 않으면 폐위했다. 그렇기에 왕은 철저하게 유명무실한 존재였다. 오늘날 강화에 남겨진 초라한 고려 왕실의 능은 이를 반영하고 있다.

강화 석릉은 강화군 양도면에 있는 희종의 능이다. 희종은 최충헌을 제거하려다 실패하여 강화도로 유배되었다. 이후 개경으로 돌아갔으나 얼마 지나지 않아 다시 강화 교동도로 유배를 와 10년 동안 머물다가 고려가 강화도로 도읍을 옮긴 1237년에 세상을 떠났다. 비운의 왕이었지만, 그의 불운은 죽은 뒤에도 이어졌다. 일제강점기 때 그의 무덤이 도굴당해 폐허가 되었으며, 2001년에야 비로소 복원되었기 때문이다.

강화 곤릉 역시 석릉과 비슷한 운명을 겪었다. 고려 제22대 강종의 비인 원덕태후의 능인 곤릉은 고려가 몽골의 침입에 대항해 강화도로 도읍을 옮긴 1239년

강화 가릉

강화 곤릉

강화 석릉

강화 석릉 가는 길

에 조성되었다. 그러나 조선 시대와 일제강점기를 거치면서 봉분이 붕괴하고 각종 장식물이 사라졌다가 2004년에야 비로소 복원되었다. 강화 석릉이 일반적인 고려왕릉처럼 5단 석축으로 복원되었듯이 곤릉 역시 당시 왕릉의 제도에 따라 4단으로 조성되었다.

강화 가릉 역시 강화천도 시기인 1244년에 조성된 왕릉이다. 제24대 원종의 비인 순경태후의 능인 가릉의 처지 역시 앞선 석릉, 곤릉과 다를 바가 없었다. 능 주변의 장식물이 사라지거나 훼손되고, 봉분 역시 무너져 있던 것을 2004년에 이르러서야 비로소 복원하였다. 다만 한 가지 특징적인 점이 있다면, 강화의 다른 왕릉과는 달리 강화 가릉은 지상에 석실石室을 조성하였다는 점이다. 현재 유리 벽을 설치하여 석실 내부를 볼 수 있는데, 내부에는 부장대副葬臺가 없고, 현재는 형태를 알아보기 힘드나 벽화가 있었던 흔적도 보인다.

이러한 강화의 왕족 무덤은 그 중심에 고종이 놓인다. 곤릉은 고종의 어머니 묘이고, 가릉은 고종의 며느리 묘다. 또한 왕릉인 것은 분명하지만, 누구의 무덤 인지는 밝혀지지 않은 채 고종의 왕비인 안혜태후安惠太后(?~1232)의 능으로만 추정되는 능내리 석실분石室墳도 있다.

능내리 석실분까지 포함한다면, 고종은 자신의 무덤뿐만 아니라 자신의 어머 니와 아내, 며느리의 무덤까지 모두 강화도에 남긴 셈이다. 고종은 대몽항쟁을 위해 강화도로 천도했으며, 최 씨 무신정권을 무너뜨리고 몽골과의 전쟁을 끝낸 후, 강화도에서 최후를 맞이한 왕이다. 그의 파란만장 삶은 결코 강화를 떼놓고는 설명할 수 없다. 강화 곳곳에 그의 흔적들이 남겨진 것은 어쩌면 당연한 결과인지도 모르겠다.

고려이궁지,
무신정권의 몰락과 강화조약

고려는 강화에서 장기항전을 이어갔으나, 최 씨 무신정권이 몰락하면서 결국 1270년 몽골과 강화조약을 맺게 되었다. 강화조약의 체결과 함께 지어진 고려의 궁궐터인 '고려이궁지高麗離宮址'가 오늘날에도 전해지고 있다. 강화도 남쪽 화도면 흥왕리에 있는 고려이궁지는 강화군 화도면 해발 472m인 마니산摩尼山 자락에 자리를 잡은 고려의 임시 궁궐이다.

기록에 의하면 이곳은 1259년에 지어졌다. 1259년은 고려 고종이 몽골과 강화를 맺은 해다. 따라서 개성으로의 귀환을 준비할 시기에 왜 또 다른 궁궐을 지었는지에 대한 의문이 남는다. 하지만 여러 추측만 있고 정설은 없다. 어쨌든 현재는 과거 이곳이 궁궐터였다는 흔적만 있고 건물은 없다. 남아 있는 것이라곤 고려 때 쌓은 것으로 추정되는 축대 일부와 주춧돌뿐이다. 세월을 이기는 권력이 없듯이 험난했던 역사도 세월과 함께 사라지는 듯하다. 흥왕리 고려이궁지는 현재 사유지다.

몽골과의 강화 협정 이후 고려는 몽골이 중원에 세운 원나라의 정치적 간섭과 지배 아래 놓일 수밖에 없었다. 그러자 최우 집권 당시 설치한 삼별초군三別抄軍은 개성 환도를 반대하면서 강화도에 남아 원나라에 대한 투쟁을 지속하였다. 이것이 바로 '삼별초 항쟁'이다. 삼별초는 1219년 고려 무신정권의 최우가 치안유지를 위해 만든 야별초夜別抄에서 비롯된 군사조직이다.

야별초는 정규군 이외에 '따로別' '선발된抄' 정예군으로, 처음에는 도적을 막는 일을 맡았다. 그러나 점차 무신정권에 저항하는 세력을 진압하는 일에 동원되면서 무신정권의 실질적인 무력 기반이 되었다. 이후 병력이 증원되면서 좌별초左別抄와 우별초右別抄로 분리되었고, 몽골의 침입이 시작되자 그 규모는 더욱 커졌다.

1270년 고려가 개성으로 귀환을 결정하고 삼별초 해산령을 내렸다. 그러자 삼별초는 몽골에 항복한 고려 왕실에 반대하여 강화도에서 항쟁을 일으켰다. 배중손裵仲孫(?~1271), 노영희盧永禧(?~?)를 중심으로 봉기한 삼별초는 고려의 정통성이 자신들에게 있다고 주장하였다.

삼별초항몽유허비,
대몽항쟁의 마지막

이에 몽골은 고려 조정과 연합군을 형성하고 삼별초 항쟁을 진압하고자 했다. 결국 삼별초는 강화도에서 더는 버티기 힘들어지자 1270년 6월 진도로 본거지를 옮겼다. 그들은 여기서 여몽 연합군과의 싸움에서 승리하면서 세력을 키웠고, 전라도와 경상도 연안의 내륙 지역을 점거하기도 했다. 하지만 1271년 전개된 여몽 연합군의 공격으로 무너지면서 잔여 세력은 다시 거점을 제주도로 옮겼다. 1273년 대세는 이미 기울었고 마지막 항쟁도 무너졌다. 이로써 1231년 몽골의 침입으로부터 시작된 대몽항쟁은 실질적인 막을 내렸다. 아울러 고려는 14세기 중반 공민왕이 등장하기까지 원나라의 속국이 되었다.

강화도 서쪽의 내가면 외포리外浦里에는 이러한 삼별초의 항쟁과 관련된 기념비가 세워져 있다. 외포리는 삼별초가 몽골의 지배에 저항하기 위해 진도로 떠난 곳이다. 이곳에 세워진 기념비는 삼별초항몽유허비三別抄抗蒙遺墟碑로서 삼별초의 몽골항쟁을 기리기 위해 1989년 강화 군민들이 세운 비석이다.

그런데 비석 주변이 뜬금없다. '삼별초군호국항몽유허비三別抄軍護國抗蒙遺墟碑'라는 글자가 적힌 기념비 앞으로 진돗개 동상과 거대한 돌하르방 두 기가 세워져 있기 때문이다. 아마도 삼별초가 이곳을 떠나 진도와 제주도에서 항쟁을 이어갔다는 것을 상징하기 위한 것으로 보인다. 오늘날 사람들은 삼별초의 항쟁을 기념하고 있으나 그들의 항쟁이 과연 고려 백성을 위한 정의로운 전쟁이었는가에 대해서는 논란이 있다. 삼별초군이 나라 도적을 섬멸하는 임무를 맡았다고는 하나 그들이 충성을 바친 대상은 백성을 가혹하게 수탈하던 무신정권이었기 때문이다.

고려 왕실의 입장에서 몽골과의 전쟁은 전 국토를 황폐하게 만들고, 백성들의 고통을 가중하는 것이기에 몽골과의 강화가 어쩔 수 없는 선택이었는지도 모른다. 반대로 무신정권의 무력 기반인 삼별초에게는 개성 귀환이란 곧 자신들이 가지고 있었던 모든 권력의 상실을 의미했을 수도 있었다. 어찌 됐건 삼별초가 몽골에 맞서 대몽항쟁을 계속한 것은 사실이었고, 그들의 해체와 함께 기나긴 대몽항쟁의 역사도 막을 내렸다. 뱃사공 손돌로부터 시작된 강화도의 대몽항쟁 역사는 고려 고종을 비롯한 고려의 왕과 왕비들을 거쳐, 삼별초로 끝이 난 것이었다.

오늘날 강화도는 몽골에 대한 항쟁의 역사를 곳곳에 남겨 놓고 있다. 손돌묘에서 고려궁지를 거쳐 삼별초항몽유허비까지 말이다. 찬란하지도 자랑스러운 것도 아니지만, 그렇다고 해서 마냥 부끄럽기만 한 것도 아니다. 당대 세계 최고의 군사력을 자랑하던 몽골 군과의 전쟁은 무신정권의 가혹한 무력 통치의 기억과 함께 그렇게 강화해협의 거센 물결을 따라 오늘도 흘러가고 있다.

손돌묘에서 느낄 수 있는
'손돌목'과 '손돌바람'

덕포진 손돌묘 앞을 강화해협의 손돌목이라고 칭한다. 손돌묘는 이 손돌목을 내려다볼 수 있는 곳에 자리잡았다. 음력 10월 20일 전후로 이곳에 반복적으로 불어닥친 바람과 추위를 손돌이라는 역사적 가상 인물과 관련지어 설명한 설화가 앞서 말한 고려 고종과 손돌의 이야기다. 반복되는 자연현상을 특정한 사건 및 가상 인물과 결합해 설명하고, 이로부터 어떤 교훈까지 끌어내는 설화적 구조가 인상적이다. 실제로 이곳에 서면 거친 바닷길과 바람을 느낄 수 있다. 음력 10월 20일쯤 오는 추위를 죽은 손돌의 원혼이 바람과 추위를 몰고 온다고 하여, '손돌바람'과 '손돌추위'라고 하였다고 하니, 그 바람의 세기가 짐작할 만하다. 손돌묘에서 그 바람과 추위를 느껴볼 수 있길 추천한다.

강화 고려왕릉

수도권에 널리 분포된 조선왕릉은 널리 알려져 있으나, 강화도에 있는 고려왕릉은 그리 널리 알려지지 않았다. 실제로도 고려왕릉은 대다수가 당시 수도였던 개경 근처, 오늘날의 북한 개성에 분포하고 있다. 휴전선 남쪽의 고려왕릉은 강화도에 대다수 있는데, 강화 석릉江華 碩陵·강화 곤릉江華 坤陵·강화 홍릉江華 洪陵·강화 가릉江華 嘉陵 등 4기의 왕과 왕후의 능이다. 비록 능호가 밝혀지지 않아 정확하게 확인할 수는 없지만, 규모나 형식 면에서 왕릉급으로 추정되고 있는 능내리석실분陵內里石室墳도 있다. 고려 고종을 중심으로 그의 어머니와 아내, 며느리의 무덤 등을 기억하면서 강화 고려왕릉 답사를 다녀보길 추천한다.

09

변방의 주체적 지성사,
강화의 문장가들

| 이규보 묘 – 정제두 묘 – 이건창 생가와 묘

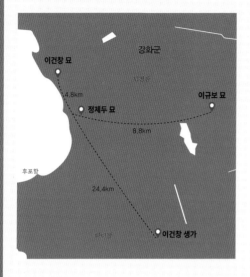

자신을 꺾고 변방의 삶에서 중심의 삶으로, 이규보의 묘
꺾을 수 없는 학자의 신념, 하곡 정제두의 묘
풍전등화의 구한말 변방의 중심에서 꼿꼿하게 버텼던,
이건창의 생가와 묘

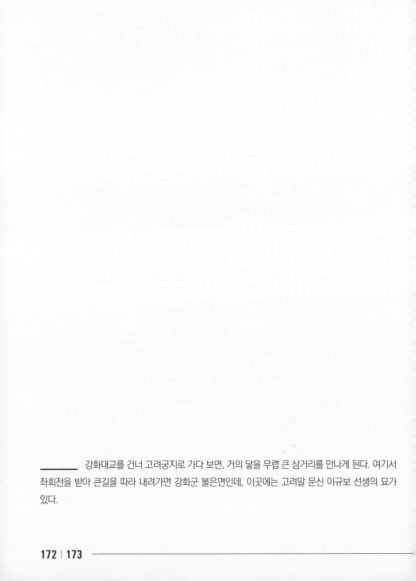

강화대교를 건너 고려궁지로 가다 보면, 거의 닿을 무렵 큰 삼거리를 만나게 된다. 여기서 좌회전을 받아 큰길을 따라 내려가면 강화군 불은면인데, 이곳에는 고려말 문신 이규보 선생의 묘가 있다.

자신을 꺾고 변방의 삶에서 중심의 삶으로,

이규보의 묘

이규보李奎報(1169~1241)는 여주 이씨로, 지금의 경기도 여주를 본관으로 한다. 날 때부터 수재 소리를 들었고, 10대에 이미 죽림고회 등 당대의 문인들로부터 인정을 받고 교류하였지만, 시험 운은 그다지 없었던 것 같다. 과거시험의 예비고사라고 할 수 있는 국자감시에 세 번이나 떨어졌으니 말이다. 16세 때부터 응시했던 그이지만, 22세 때 네 번 만에 겨우 붙었으니 체면이 조금 상했던지도 모르겠다.

결국 네 번째 국자감시에서 그나마 1등을 해서 옛 명성을 확인하나 했는데, 그다음 해 치러진 본과 시험에서 꼴찌 격인 동진사同進士로 합격하자 그는 크게 실망했다고 전해진다. 얼마나 속이 상했던지, 합격을 취소하려다 아버지에게 혼이 나기까지 했다니 말이다. 이때 그의 합격을 축하하던 축하연에서 술에 취했던 이규보는, 원래도 술을 좋아했다고 고백했지만, "내가 지금은 꼴찌이지만 만년에는 문생들을 뽑을 시험관이 될지 어찌 아느냐"며 주사를 부렸다고 한다.

저 자존심과 객기. 앞 세대의 문인이요 학자라 이런 말을 하기는 조금 민망스럽기도 하지만, 이규보의 행적을 보고 있으면 참 천방지축이라 하지 않을 수 없

이규보 묘

다. 객기로 보일 정도인 이규보의 높은 자존심이 남긴 또 하나의 에피소드가 있다. 앞서 이규보가 10대 때 이미 이름난 문인들의 모임이었던 죽림고회竹林高會로부터 인정을 받았다고 한 것을 기억할 것이다.

이 죽림고회는 다른 말로 해좌칠현海左七賢이라고도 하는데, 당대의 대문호였던 이인로가 이끌던 모임이었다. 죽림고회라는 명칭은 최자의 『보한집補閑集』 발문에 보인다. 그런데 죽림고회와 해좌칠현의 앞 뒷말을 떼어 붙이면 '죽림칠현竹林七賢'이 된다. 그렇다. 중국 삼국시대 말기 조조의 위나라와 사마 씨의 진나라가 바뀌던 위진남북조시대의 왕융, 산도, 완적, 혜강, 상수, 완함, 유영 등 일곱 명의 유명한 선비를 아울러 부르던 그 이름이다.

이들 '중국의' 죽림칠현은 조 씨에서 사마 씨로 권력이 옮겨 가던 위태롭고 혼란했던 시기에 벼슬살이를 거부하고 '산양'이라는 곳에 숨어 살고자 했던 일곱 명의 현자였다. 이들처럼 이인로 이하 고려의 죽림고회도 무신 정권으로 권력이 이양되는 시기를 맞닥뜨려 죽림칠현처럼 은거하고자 했던 이들이었다. 이규보에 비하면 죽림고회의 구성원들은 한참 선배들이었는데, 오세재吳世才가 죽은 뒤 이담지李湛之가 이규보에게 가입을 권하자, 이규보는 싸늘한 조소가 가득한 시로 초대를 거부했던 적이 있다. 〈칠현설七賢說〉에 실린 짧은 시가 바로 그것이다.

참람되게 죽림회에 참석하여
유쾌하게 술독 안의 봄을 마셨네
아직은 모르겠구나, 칠현 중 누가
자두 씨에 구멍을 냈던 그 사람이 되려나

원문에는 그냥 '씨에 구멍을 뚫다鑽核'라고 되어 있지만, '자두 씨'로 옮긴 것은 이 시가 널리 알려진 것처럼 중국 죽림칠현의 한 사람이었던 왕융의 일에 빗댄 것이기 때문이다.

왕융은 자신의 집에서 키우던 맛 좋은 자두를 독점하려고 그 씨앗들에 일일이 구멍을 뚫었다고 한다. 왕융은 욕심도 많고 정치적 분쟁도 많이 일으켰는데, 사실 죽림칠현 대부분이 새로운 사마 씨 정권에서 관직을 살았다. 그래서 어떤 이들은 죽림칠현의 '은거'를 명성을 얻기 위한 위장으로 해석하기도 한다.

그러니 이규보의 이 시는 '당신들도 정권을 비판하며 유유자적하는 척하지만, 사실은 유명세와 권력을 얻고 싶어 하는 그 음흉한 마음을 내가 모를 줄 아느냐'라고 지적한 셈이다. 이 이야기는 이규보가 자신의 관점에서 고려의 해좌칠현(죽림고회)을 비판한 것으로, 『고려사』 이규보 전에도 기록돼 있다.

이규보 선생의 문학비

물론 이규보도 이런 비판에서 자유롭지는 못하다. 젊은 시절을 넘어 30대가 다 지나도록 그는 하급지방직을 전전하였으며, 그마저도 동료들과의 갈등 때문에 얼마 버티지 못하고 그만두거나 파직되기 일쑤였다. 그는 정신적 고립과 경제적 궁핍에 시달렸다. 그의 삶은 백운거사白雲居士라는 자호와 같이 흰 구름처럼 흘러갈 뿐인 인생이었다.

그러던 그에게 그의 '변방의 삶'을 끝낼 기회가 왔다. 그의 나이 40세, 당시 권력의 중추였던 최충헌의 만찬에 초대되어 글을 지었는데, 그 글이 최 씨의 눈에 든 것이다. 곧 그는 한림원翰林院에 임용된다. 한림원은 국왕의 말씀과 명령을 주관하는 곳으로 최고의 엘리트 지식인들만 뽑히는 곳이었다. 문장으로 성공하겠노라던 20대 이규보의 주사酒邪가 현실이 되는 순간이었다.

이규보는 계속 승승장구하였다. 그의 말처럼 과거시험을 주관하는 시험관인 지공거도 네 번이나 맡았다. 좌천과 귀양이 있긴 했지만, 그의 삶은 만년까지 여유로웠다. 집현전 대학사·정당문학·태자소부·참지정사를 거쳐 1237년(고종 24)에는 문하시랑평장사로 관계에서 물러났다. 또 대몽 항쟁 시기에는 몽골에 보내는 외교문서를 작성하는 관리로도 활동하였다. 말년에 그는 피난 수도가 된 강화도의 학당에서 후학들을 가르치다가 세상을 떠났다.

이규보. 그의 인생을 돌아보자면 절반은 변방의, 절반은 중심의 삶이었다. 절반은 자만과 궁핍의 삶이었고, 절반은 타협과 여유의 삶이었다. 어떤 사람들은 그가 결국 권력에 빌붙었다고 말한다. 그가 비판했던 '자두 씨에 구멍을 내는 사람'이 바로 본인이었다고 말이다. 한 편으로 문인으로서 인생의 절반을 무신들에게 억눌려 아무것도 못 하고 젊은 시절을 가난과 절망 속에 살았던 이규보에게 이런 비평은 가혹하게 여겨지기도 한다. 목구멍이 포도청이라고 하지 않던가. 가난이라는 끈질긴 덫 속에서 눈물을 삼켜본 사람이라면, 그가 구멍을 냈던 것은 자두씨가 아니라 그 자신의 마음과 영혼이었다는 감상에 동의할지도 모르겠다.

흰 구름처럼 떠다니겠다며 세상을 피해 숨기도 했고, 만년에는 시와 술과 거문고에 빠져 산다고 삼혹호三酷好 선생으로 불렸던 그의 묘는 이곳 강화군 불은면에 조성되어 있다.

꺾을 수 없는 학자의 신념,
하곡 정제두의 묘

사회가 혼탁하고 부조리할 때, 사람들은 종종 두 개의 서로 다른 양극단 사이의 선택을 강요받는다. 죽림고회는 모르는 척 세상을 엿보았고, 이규보는 과감히 자신을 꺾고 시대와 타협하였다.

하지만 도저히 자신의 신념을 굽힐 수 없는 사람도 있다. 고려 시대 무신의 칼이 아니라, 조선 시대 문신의 글을 피해 강화로 온 또 한 명의 위대한 학자, 정제두가 바로 그와 같은 인물이다.

하곡霞谷 정제두鄭齊斗(1649~1736)는 주자학 일변도였던 조선 땅에서 양명학을 연구하며, 한국 양명학의 선구가 된 학자다. 양명학은 본래 중국에서 주자학의 대안으로 제시되었던 것으로, 중국에서는 신유학의 큰 흐름 중 하나를 형성하며 발전했던 학문이다. 그러나 조선에서는 사림들이 쌓아 올린 높은 형이상학의 벽에 막혀 그 장점을 드러낼 기회조차 얻지 못하였다.

당시 조선은 성리학의 나라였다. 하지만 성리학의 발상지였던 중국에서 성리학은 이미 200~300년 전 송나라의 옛 학문이었고, 명나라의 대세 학문은 양명학으로 흘러가고 있었다. 양명학은 명나라의 학자인 왕수인王守仁(1472~1528)이 제창하였다. 그는 송나라 때 주희朱熹(1130~1200)가 완성한 성리학의 '성즉리性卽理'에 맞서 '심즉리心卽理'를 주장하였다. '성즉리'는 보편적인 원리인 '리理'가 인간

정제두의 묘

'성性'에 내재한다는 주장이지만, '심즉리'는 인간의 마음心이 곧 보편적인 원리인 '리理'라는 주장이다.

이것을 조금 더 풀어보면 이렇다. 원래 유학은 맹자 이래로 "인간의 본성은 선하다"라고 주장해왔다. 그러나 이것을 어떻게 증명할 것인가? 이렇게 생각해보자. 예컨대 여기 텀블러가 하나 있다 치자. 그러면 이 텀블러를 디자인한 설계도가 있을 것이다. 설계도에 담겨 있는 것은 무엇인가? 내 손 안에 있는 실제의 텀블러는 아닐 것이다. 설계도는 커피를 담을 수 없으니까 말이다. 설계도에 담긴 것은 '텀블러의 원리'이다.

이렇게 본다면, 이 세계 전체의 모든 것에는 '그러한 원리'가 있을 것이다. 개에도 개의 원리가 있고, 사람에게도 사람의 원리가 있다. 주희가 주장한 성즉리의 '리'는 바로 이 '원리'이다. 곧, 인간에게는 인간으로서 인간다움이라는 '원리'가 바로 우리 인간의 '본성'으로 내재한다는 주장이다.

그런데 양명학의 주창자인 왕수인이 보기에 이것은 지나치게 복잡하다. 사실 왕수인이 주희의 학문 전체를 부정한 것은 아니다. 그는 주희의 반대자라기보다 오히려 비판적 계승자라고 봐야 한다. 왜냐하면 왕수인이 보기에 본성은 마음에서 뚝 떨어져 있는 별개의 것이 아니었다. 본성이 따로 있고, 우리가 매사에 우리의 본성이 어떤지 견주어야 한다면, 우리는 계속해서 우리 자신을 반성하고만 있을 뿐, 우리의 마음을 내어 어떤 행동을 즉시 일으켜낼 수가 없다. 이것은 맹자 자신이 말한, '우물에 빠지려는 어린아이를 보았을 때 즉시 느껴지는 안타깝고 안쓰러운 그 마음'에 대한 적합한 설명이 아니다.

우리에게는 선한 본성이 '따로' 있는 것이 아니라 우리의 '마음'으로 내재하고 있다. 그러므로 왕수인은 '우리의 마음이 곧 우리의 원리'라고 주장한 것이다. 하지만 조선에서는 주자의 성리학을 고수하면서 양명학을 사문난적斯文亂賊으로 몰아세웠다. 그렇지만 양명학의 '간이직절簡易直切'에 깊이 감명받은 사람들도 있었다. 그리고 그중에는 당대의 주류 학문에 반기를 들 수밖에 없을 정도로 '꺾을 수 없는 학자의 삶'을 살았던 정제두가 있다.

사실 정제두는 서인西人 명문가의 자제였다. 그의 조부는 우의정을 지낸 도촌 정유성鄭維城(1596~1664)이며, 그의 11대 조부는 포은 정몽주鄭夢周(1337~1392) 였다. 그의 아내는 파평 윤씨로 서인의 중심인물 중 한 명인 윤선거尹宣擧(1610~1669)의 조카였다. 윤선거의 장인은 우계 성혼이었고, 윤선거의 아들 또한 소론의 중심인물인 명재 윤증尹拯(1629~1714)이었다. 정제두는 이찬한李燦漢, 이상익李商翼, 윤증, 박세채朴世采에게서 배웠다. 그러나 그는 거의 25년 동안 스승이 었던 박세채, 윤증뿐만 아니라 친구였던 민이승 등과 양명학을 둘러싼 논쟁을 벌 였다.

정제두는 그의 나이 32세 때, 영의정 김수항金壽恒(1629~1689)의 천거로 임금 의 부름을 받았지만 출사하지 않았다. 그 뒤로도 세 차례나 부름을 받았지만 나아 가지 않았다. 34세 때, 그는 스승이었던 박세채에게 편지를 썼는데, 여기서 그는 양명학 연구자로서의 자신의 견해를 공식적으로 표명했다.

1709년, 61세가 된 정제두는 강화로 옮겨왔으며 저술에 매진하였다. 이후, 정제두의 양명학 연구는 그의 아들 정후일鄭厚一, 이광사李匡師(1705~1777)·이 광신李匡臣(1700~1744) 형제 등을 거쳐 이건창李建昌(1852~1898), 박은식朴殷植 (1859~1925), 신채호申采浩(1880~1936), 정인보鄭寅普(1893~?) 등으로 이어졌다. 이긍익의 『연려실기술』, 유희의 『언문지』 등은 하곡 학파들이 남긴 저술이다. 강 화에서 형성된 그의 학문을 가리켜 훗날 '강화학파'라고 명명했는데, 그는 약 200 년에 걸친 강화학파의 태두가 되었다.

서울에 가본 사람이 서울에 안 가본 사람을 못 이긴다고 했던가. 아니다, 조선 에서 이뤄졌던 양명학의 배척은 단지 맹목으로 치부될 것은 아니었다. 양명학 역 시 하나의 학설로 이론적 허점이 없을 수 없다. 조선에서 성리학은 이미 그 형이

상학적 외피를 더욱 단단하고 두껍게 쌓아 올렸고, 그들에게 왕수인이 제기했던 비판은 이미 한바탕 치열했던 논쟁이 끝난, '식은 떡밥'처럼 보였다. 그 뒤로 수백 년이 지난 지금의 눈으로 보자면 양자가 일장일단이 있다고 하는 편이 온당하겠지만 말이다.

정제두는 생전에도 변방의 지식인으로서 평생을 살았다. 변방 지식인의 삶은 화려할 수 없다. 만약 누군가 '변방의 지식인'을 자처하면서 사치스러운 삶을 산다면, 그것은 그가 사실은 '변방'에 사는 것이 아니거나, 어쩌면 '지식인'으로서의 충실한 태도를 견지하지 않았다는 방증일 수 있다. 정제두의 묘 역시도 소박하고 한적하게 그러나 여유롭고 느긋하게 강화 땅의 한 귀퉁이에 모셔져 있다.

풍전등화의 구한말 변방의 중심에서 꼿꼿하게 버텼던,
이건창의 생가와 묘

하곡 정제두로부터 시작된 강화학파는 19세기 후반 이건창과 이건방李建芳 (1861~1939)으로 이어진다. 이건창은 조선 제2대 왕 정종定宗의 열째 왕자인 덕천군德泉君의 15대 후손이기도 하다. 이건창의 조부는 1866년 병인양요 때 유서를 남기고 자결한 이시원李是遠(1790~1866)이다. 그리고 이건방의 조부는 이시원과 함께 죽은 그의 아우 이지원李止遠(?~1866)이다. 이건창과 이건방은 8촌 형제三從弟이며, 200년 동안 이어진 강화학파의 마지막 인물들이라 할 수 있다.

그 당시 조선은 풍전등화와 같은 상황에 내몰리고 있었다. 서구 제국주의의 야만적인 팽창정책은 한반도를 향하고 있었다. 그리고 서구 제국주의에 의해 일찌감치 개항했던 일본은, 그들이 당했던 방식 그대로를 반복하면서 동아시아에서 제국주의 국가의 면모를 드러내고 있었다. 하지만 조선은 전통적으로 중화주의의

이건창선생 묘로 올라가는 계단길

이건창의 묘(© 강화군청)

이건창의 생가

대청에서 안방을 바라본 모습
(© 문화재청)

명미당 현판

그늘에 있었으며, 청나라 또한 서구 열강과 일제에 맞서 조선에서의 영향력을 강화하기 위해 애를 쓰고 있었다. 이건창과 이건방 종형제는 바로 이런 시대를 살았던 문인들이었다.

이건창 선생의 생가는 정제두 선생의 묘소에서 화도면 방향으로 길을 내려오다 보면 보이는 마니산 동쪽 가에 있다. '명미당明美堂'이라 쓰인 작은 초가집의 풍경은 고즈넉하기만 하고, 뒤편 두 개의 굴뚝에서는 지금이라도 당장 밥 짓는 연기가 모락모락 피어날 것만 같다. 또한, 생가 뒤편에는 그의 조부로 병인양요(고종 3년. 1866) 때 순국한 전 개성부유수·이조판서 충정공忠貞公 사기 이시원의 묘가 있다.

이건창은 강화에서 태어나 조부 이시원에게서 학문을 배웠다. 고종 3년(1866)에 최연소과거급제(15세)로 별시문과 병과로 급제하였으나, 너무 일찍 등과하였기 때문에 고종 7년(1870) 19세가 되어서야 정7품 승정원 주서注書 직에 벼슬을 받았다. 관직에 출사하였던 이건창은 갑오경장甲午更張이 발표되자 이를 반대하여 일제의 관직을 버리고 향리인 강화도 화도면 사기리로 돌아와 일본 침략세력을 배척할 것을 주장하였다. 42세 때의 일이다. 이후 고종 32년(1895) 음력 8월 20일에 을미사변이 있고 나서 달이 바뀌었어도 상복을 걸치는 사람이 아무도 없자 강화도 큰사골 집에 칩거하던 그는 홍승헌洪承憲·정원용鄭元容과 함께 소를 올려 폐비의 칙명을 거두고 죄인을 잡아 처형하라고 주장하였다.

이건창은 관직에 있는 동안 외세의 힘에 짓눌려 기울어져 가는 국운을 어떻게든 바로 잡아 일으켜 세우고자 애썼다. 그는 힘으로 밀고 들어오는 일제와 서양을 무조건 배척하려는 보수파의 통상수교거부정책에 대해서 반대하였다. 또한, 외세의 힘과 기술 등을 무조건 받아들이고자 하는 개화파의 개방정책에 대해서도 반대하였다. 그는 한반도를 침탈해 들어오는 외세로부터 백성들을 지키면서도 다른한편으로 조선의 힘을 키우고자 하였다. 그는 이 원칙에 충실했으며 모든 타협을 거부하였다. 그래서였을까? 이에 얽힌 유명한 일화가 있다.

1890년, 그가 한성부소윤이 되었을 때의 일이다. 당시 청나라와 일본에 의한 토지와 가옥 매수買收가 날로 증가했다. 그러자 이건창은 국민의 부동산을 외국인에게 매도하지 못하도록 하는 정책을 폈다. 당시 청국 공사인 당소의는 이에 항의하였다. 그러자 이건창은 "우리나라가 우리 국민에게 금지하는 것에 대해 귀국이 무슨 상관인가"라며 일축하였다. 당소의가 기세를 올려 우리 정부에 압력을 가하자, 이건창은 그에 맞서 외국인에게 부동산을 판 사람들에 대한 처벌 수위를 올렸다. 그러자 매도를 꾸렸던 국민도, 매수를 원했던 외국인들도 종래에는 포기할 수밖에 없었다.

이 일이 있고 난 이후, 세간에 다음과 같은 이야기들이 회자하였다. 임금이 지방 관리를 보내면서 다음과 같이 말했다는 것이다. "그대가 가서 잘못하면 이건창을 보내리라." 그의 올곧은 성정을 임금조차 인정하였다. 하지만 이것이 어디 이건창의 정신만이겠는가? 그것은 그의 스승 정제두의 정신이기도 했다. 정제두는 성리학이 지배하던 조선에서 권력의 자리를 탐하지 않고 변방인 이곳 강화도로 들어와 자신의 신념을 지키면서 양명학을 개척했던 학자다. 그런 정제두의 정신이 이건창에게만 이어졌겠는가.

위당 정인보는 일제강점기에 시대를 밝힌 사상가 중 한 명이었다. 그는 1933년 《동아일보》에 66회에 걸쳐 〈양명학연론陽明學演論〉을 연재하였다. 여기서 그는 조선의 양명학을 세 부류로 나누어 소개하였다. 첫째는 분명한 양명학자로 최명길崔鳴吉(1586~1647), 장유張維(1587~1638), 정제두 등이다. 둘째는 겉으로 양명학을 비난하였지만, 속으로는 양명학을 따랐던 이들로, 이광사, 이충익李忠翊(1744~1816) 등이 있다. 셋째, 양명학에 대해서 일언반구도 논하지 않고 있으나 실상 그 사상은 양명학적이었던 이들로, 홍대용洪大容(1713~1783) 등을 꼽을 수 있다.

정제두의 양명학은 이곳 변방 강화도에서 살아남았고, 구한말에는 근대를 여

는 정신적인 힘으로, 일제강점기에는 일제의 지배에 대항하는 독립운동의 정신적

등불이 되었다.

이건창 선생 생가

만약 무언가 화려한 볼거리를 원한다면 어차피 세 곳 모두 그다지 흥미롭지는 않을 것이다. 그 역사적 의미를 고려해서 이 세 곳 중 하나를 고른다면, 역시 이건창 선생의 생가일 것이다.

이건창 선생의 생가는 단출한 초가집이다. 이 건물이 지어진 시기는 확실하지 않지만, 기둥이나 보 등의 치목수법治木手法으로 볼 때 1백여 년이 된 것으로 판단되며, 자연석 기단 위에 주춧돌을 놓고 삼량三樑 가구로 몸 전체를 짠 전형적인 한옥의 구조다.

나직한 돌담이 둘려 있는 정면에는 양편에 작은 공간이 구성된 입구 건물이 있다. 입구 건물은 양쪽의 문이 다른데, 아마 한쪽은 광이고 다른 한쪽은 행랑채였을 것이다.

입구를 지나면 'ㄱ'자 구조의 흙담집이 보인다. 그 가운데 마루에는 큰 글씨로 '명미당明美堂'이라고 쓰인 현판이 걸려 있다. 앞서 말한 것처럼 명미당은 그의 호다. 현판 옆에 '매천梅泉'은 그와 교유가 있던 황현의 호다. 단출하고 검소하다. 그런데 바로 이 점에서 의문을 품은 사람들이 있었다.

현재의 가옥은, 이건창 선생의 후손들이 살다가 이주하면서 강화군에 집과 토지를 매각, 복원을 요청해서 지어진 것이다. 복원은 1996년과 1998년, 두 차례에 걸쳐서 이뤄졌다. 경내는 좁지 않지만, 건물은 단출하고, 초가로 얹어진 지붕은 소박하고 편안한 느낌을 준다. 생가 앞에는 조선 왕가를 상징하는 배꽃 모양의 '명미당 이건창 선생 문학비'가 세워져 있다.

그런데 2021년 1월, 이건창 생가 복원이 잘못됐다는 민원이 인천시에 접수되

—
이건창의 생가(© 문화재청)

었다. 민원에 따르면, 이 '소박한 초가집'은 조부 때부터 이조판서를 지냈고, 이건창 본인도 15세에 과거에 급제하고 출세 가도를 달려왔다는 기록과 부합하지 않는다는 것이다. 민원인은 "이건창 선생은 양반 계층이었으며, 풍문에 따르면 생가 뒤편에 기와 조각이 많이 널려있었다고 한다"며 "이런 점으로 추측해볼 때 이 선생 생가는 초가집이 아니라 기와집이었을 가능성이 있다"라며 의구심을 나타냈다. 2016년 인천시의 정밀실측 조사 보고서에서도 이런 내용이 담겨 있다.

이건창은 갑오개혁 발표 이후 관직에서 물러나 강화군으로 내려왔는데, 이후에도 친일 내각에 반대하는 투쟁을 이어갔다. 그의 집안이 제대로 유지되지 못했을 것도 충분히 예상할 수 있다. 2016년 인천시의 보고서에 따르면, '이건창 가족들이 구한말 만주로 독립운동을 떠난 후 일제강점기 때 살았던 후손들이 쇠퇴하면서 가옥의 규모와 격이 현재 모습을 가지게 된 배경도 있다'라고 한다.

『한국민족문화대백과사전』에 실려있는 1985년 이전에 촬영된 생가의 모습도 지금의 복원 가옥과 유사한 규모에 'ㄱ'자 구조의 양철지붕을 얹은 형태다. 이렇게 보면 오히려 지금의 초가집은 이건창 선생의 강지한 신념의 결과를 더욱 잘 드러낸다고도 할 수 있으리라.

| 건국대학교 통일인문학연구단 DMZ연구팀 소개 |

건국대학교 통일인문학연구단은 '소통, 치유, 통합의 통일인문학'과 '포스트 통일 시대의 통합적 코리아학'이라는 아젠다 연구를 수행하고 있는 인문학 분야의 유일한 통일 관련 연구소이다. 문학, 역사학, 철학 등의 인문학을 중심으로 정치학 및 북한학 등이 결합한 융복합적 통일 연구를 진행하면서 다양한 사회적 실천 사업도 진행 중이다. 또한 건국대학교 대학원 통일인문학과 및 문과대학 통일인문교육연계전공 등을 운영하면서 교육 및 후속 양성에도 힘쓰고 있다.

DMZ연구팀은 통일인문콘텐츠 개발의 일환으로 추진된 'DMZ디지털스토리텔링 연구' (2015~2016년), 'DMZ투어용 앱 개발'(2016~2019년) 등을 진행한 통일인문학연구단 산하 DMZ 분야의 전문 연구팀이다. 이 연구팀은 총 5년 동안 DMZ 접경지역을 직접 답사하면서 이 공간과 관련된 다양한 인문적 연구를 특화하여 수행했으며 다양한 원천콘텐츠를 축적했다. 이 책은 바로 이 연구팀 소속 연구진들의 지난 5년 동안의 경험을 토대로 한 답사기이다.

| 저자 소개(가나다 순) |

남경우
통일인문학/구술생애사 전공, 건국대학교 통일인문학연구단 전임연구원

박민철
한국현대철학 전공, 건국대학교 통일인문학연구단 및 대학원 통일인문학과 교수

박솔지
통일인문학/공간치유 전공, 건국대학교 통일인문학연구단 HK연구원

박영균
정치–사회철학 전공, 건국대학교 통일인문학연구단 및 대학원 통일인문학과 교수

윤태양
유가철학 전공, 성균관대학교 한국철학문화연구소 전임연구원

이의진
통일인문학 전공, 한국대학교육협의회 한국고등교육정보센터 연구원

조배준
서양철학 전공, 경희대학교 강사

DMZ 접경지역 기행 8 　강화편

초판 1쇄 인쇄 2022년 04월 22일
초판 1쇄 발행 2022년 04월 29일

펴 낸 이　건국대학교 통일인문학연구단 DMZ연구팀
감　　수　최익현
발 행 인　한정희
발 행 처　경인문화사
편　　집　이다빈 김지선 유지혜 한주연 김윤진
마 케 팅　전병관 하재일 유인순
출판번호　제406-1973-000003호
주　　소　경기도 파주시 회동길 445-1 경인빌딩 B동 4층
전　　화　031-955-9300　　팩　스　031-955-9310
홈페이지　www.kyunginp.co.kr
이 메 일　kyungin@kyunginp.co.kr

ISBN 978-89-499-6642-7 03910
값 12,000원